KB091569

하루 줄
베트남어
쓰·기·수·첩

☑ 중급문장 100

여러분,
한꺼번에 수십 개의 단어와 문장을 외웠다가
나중에 몽땅 까먹고 다시 공부하는
악순환을 반복하고 싶으신가요?

아니면 하루 1문장씩이라도
확실히 익히고, 직접 반복해서 써보며
온전한 내 것으로 만들어
까먹지 않고 제대로 써먹고 싶으신가요?

나의 하루 **1**줄
베트남어
쓰 · 기 · 수 · 첩

☑ 중급문장 100

외국어는
매일의 습관입니다.

베트남어 '공부'가 아닌 베트남어 '습관'을 들이세요.

많은 사람들이 외국어를 공부할 때, 자신이 마치 내용을 한 번 입력하기만 하면
죽을 때까지 그걸 기억할 수 있는 기계인 것마냥 문법 지식과 단어를
머릿속에 최대한 많이 넣으려고 하는 경향이 있습니다.
하지만 이 공부법의 문제는? 바로 우리는 기계가 아닌 '인간'이기 때문에
한꺼번에 많은 내용을 머릿속에 우겨 넣어 봐야 그때 그 순간만 기억할 뿐
시간이 지나면 거의 다 '까먹는다는 것'입니다.

'한꺼번에 많이'보다 '매일매일 꾸준히' 하세요.

까먹지 않고 내 머릿속에 오래도록 각인을 시키려면,
우리의 뇌가 소화할 수 있는 만큼만 공부해 이를 최대한 '반복'해야 합니다.
한 번에 여러 문장을 외웠다 며칠 지나 다 까먹는 악순환을 벗어나,
한 번에 한 문장씩 여러 번 반복하고 직접 써보는 노력을 통해
베트남어를 진짜 내 것으로 만드는 것이 제대로 된 방법입니다.

어느새 베트남어는 '나의 일부'가 되어있을 겁니다.

자, 이제 과도한 욕심으로 작심삼일로 끝나는 외국어 공부 패턴을 벗어나,
진짜 제대로 된 방법으로 베트남어를 공부해 보는 건 어떨까요?

쓰기 수첩 **활용법**

DAY 001 ___월 ___일

Tôi hay đi nhà sách.

저는 자주 서점에 가요.

① hay = 자주, 종종

일반적으로 빈도부사가 들어간 문장은 '주어+빈도부사+동사'의 어순이 됩니다.

(ex) 주어+hay+동사. = 주어는 자주·종종 ~해요.

→ hay는 특정 행위를 짧은 간격으로 반복해서 할 경우에 사용합니다.

② đi = 가다 / nhà sách = 서점

Tôi hay đi nhà sách. = 저는 자주 서점에 가요.

MP3 듣고 따라 말하며 세 번씩 써보기
🎧 mp3 001

① _____

② _____

③ _____

응용해서 써본 후 MP3 듣고 따라 말하기
🎧 mp3 002

① 저는 자주 친구와 맥주를 마셔요. [마시다 = uống, 맥주 = bia, 친구와 = với bạn]

→ _____

② 저는 자주 친구와 싸워요. [싸우다 = cãi nhau]

→ _____

① Tôi hay uống bia với bạn.
② Tôi hay cãi nhau với bạn.

1 하루 1문장씩 제대로 머릿속에 각인시키기

베트남어 핵심 어법이 녹아 있는 문장을 하루 1개씩, 총 100개 문장을 차근차근 익혀 나가도록 합니다. 각 문장 1개를 통해 일상생활 필수 표현 및 핵심 문형 1개 & 새로운 어휘 2~3개를 함께 익힐 수 있습니다.

2 그날그날 배운 문장 1개 반복해서 써보기

그날그날 배운 문장 1개를 수첩에 반복해서 써보도록 합니다. 문장을 다 써본 후엔 원어민이 직접 문장을 읽고 녹음한 MP3 파일을 듣고 따라 말하며 발음까지 확실히 내 것으로 만들도록 합니다.

3 배운 문장을 활용해 새로운 문장 응용해서 써보기

그날그날 배우고 써봤던 베트남어 문형에 다른 어휘들을 집어 넣어 '응용 문장 2개' 정도를 더 써보도록 합니다. 이렇게 함으로써 그날 배운 베트남어 문형은 완벽한 내 것이 될 수 있습니다.

| DAY 008 | DAY 009 | DAY 010 | CH.1 복습 | DAY 011 |

4

| DAY 012 | DAY 013 | DAY 014 | DAY 015 | DAY 016 |

| DAY 017 | DAY 018 | DAY 019 | DAY 020 | CH.2 복습 |

5

 기초문장 100

 중급문장 100

 고급문장 100

본 교재는 '중급문장 100'에 해당합니다.

4 매일매일 쓰기를 확실히 끝냈는지 스스로 체크하기

외국어 공부가 작심삼일이 되는 이유 중 하나는 바로 스스로를 엄격히 체크하지 않아서입니다. 매일 쓰기 훈련을 끝마친 후엔 일지에 학습 완료 체크 표시를 하며 쓰기 습관이 느슨해지지 않도록 합니다.

5 '기초-중급-고급'의 체계적인 단계별 쓰기 훈련

나의 하루 1줄 베트남어 쓰기 수첩은 '기초-중급-고급'으로 구성되어 있어 수준을 단계적으로 높여 가며 베트남어를 마스터할 수 있습니다.

기초문장 100	기본 어순 마스터 및 초급 레벨의 어법이 녹아 있는 문장 100개를 익히고 작문하기
중급문장 100	다양한 시제 및 중급 레벨의 핵심 어법이 녹아 있는 문장 100개를 익히고 작문하기
고급문장 100	기초 및 중급을 기반으로 좀 더 길고 풍성한 문장 100개를 익히고 작문하기

쓰기 수첩 목차

나의 쓰기 체크일지

본격적인 '나의 하루 1줄 베트남어 쓰기' 학습을 시작하기에 앞서, 수첩을 활용하여 공부를 진행하는 방법 및 '나의 쓰기 체크 일지' 활용 방법을 안내해 드리도록 하겠습니다. 꼭! 읽고 학습을 진행하시기 바랍니다.

공부 방법

1. 'DAY 1'마다 핵심 베트남어 문형 및 문장 1개를 학습합니다.

2. 배운 문장 1개를 MP3를 듣고 따라 말하며 3번씩 써봅니다.

3. 배운 문장 구조를 응용하여 다른 문장 두 개를 작문해 본 다음 MP3를 듣고 따라 말해 봅니다.

4. 또한 챕터 하나가 끝날 때마다 작문 테스트를 치러 보며 자신의 베트남어 실력을 점검해 봅니다.

5. 이 같이 학습을 진행해 나가면서, '나의 쓰기 체크 일지'에 학습을 제대로 완료했는지 체크(V) 표시를 하도록 합니다.

▶▶▶ START

| | Warm Up | DAY 001 | DAY 002 |

| DAY 003 | DAY 004 | DAY 005 | DAY 006 | DAY 007 |

| DAY 008 | DAY 009 | DAY 010 | CH.1 복습 | DAY 011 |

| DAY 012 | DAY 013 | DAY 014 | DAY 015 | DAY 016 |

| DAY 017 | DAY 018 | DAY 019 | DAY 020 | CH.2 복습 |

| DAY 021 | DAY 022 | DAY 023 | DAY 024 | DAY 025 |

| DAY 026 | DAY 027 | CH.3 복습 | DAY 028 | DAY 029 |

| DAY 030 | DAY 031 | DAY 032 | DAY 033 | CH.4 복습 |

| DAY 034 | DAY 035 | DAY 036 | DAY 037 | DAY 038 |

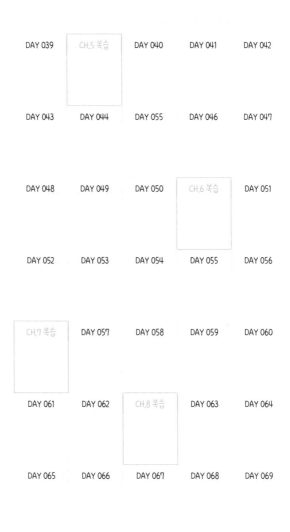

DAY 039   CH.5 복습   DAY 040   DAY 041   DAY 042

DAY 043   DAY 044   DAY 055   DAY 046   DAY 047

DAY 048   DAY 049   DAY 050   CH.6 복습   DAY 051

DAY 052   DAY 053   DAY 054   DAY 055   DAY 056

CH.7 복습   DAY 057   DAY 058   DAY 059   DAY 060

DAY 061   DAY 062   CH.8 복습   DAY 063   DAY 064

DAY 065   DAY 066   DAY 067   DAY 068   DAY 069

CH.9 복습	DAY 070	DAY 071	DAY 072	DAY 073
DAY 074	DAY 075	DAY 076	DAY 077	DAY 078
DAY 079	DAY 080	DAY 081	CH.10 복습	DAY 082
DAY 083	DAY 084	DAY 085	DAY 086	DAY 087
DAY 088	DAY 089	DAY 090	CH.11 복습	DAY 091
DAY 092	DAY 093	DAY 094	DAY 095	DAY 096
DAY 097	DAY 098	DAY 099	DAY 100	CH.12 복습

나의 다짐

다짐합니다.

나는 "나의 하루 한 줄 베트남어 쓰기 수첩"을

언제 어디서나 휴대하고 다니며

하루 한 문장씩 꾸준히 포기하지 않고

열심히 쓸 것을 다짐합니다.

만약 하루에 한 문장씩 쓰기로 다짐한

이 간단한 약속조차 지키지 못해

다시금 작심삼일이 될 경우,

이는 내 자신의 의지가 이 작은 것도 못 해내는

부끄러운 사람이란 것을 입증하는 것임을 알고,

따라서 내 스스로에게 부끄럽지 않도록

이 쓰기 수첩을 끝까지 쓸 것을

내 자신에게 굳건히 다짐합니다.

_____ 년 _____ 월 _____ 일

이름:

WARM UP

중급문장 100을 공부하기 전 기초문장을
제대로 알고 있는지 가볍게 확인해 봅시다.

① 일상생활 속 인사말 하기

② 이름, 신분, 관계 말하기

③ 동작, 행동 말하기

④ 존재, 위치, 장소 말하기

⑤ 소유물, 가족, 지인 말하기

⑥ 시간, 날짜, 나이, 키 말하기

⑦ 성질, 상태 말하기

⑧ '가다, 오다' 활용해서 말하기

⑨ 취향, 기호 말하기

⑩ 소망, 의지, 의무 말하기

⑪ 능력, 가능, 확신 말하기

⑫ 명령, 권유, 제안 말하기

001	Xin chào.	안녕하세요.
002	Xin chào các bạn.	여러분, 안녕하세요.
003	Chào anh.	형/오빠, 안녕하세요.
004	Chào chị.	누나/언니, 안녕하세요.
005	Chào cô.	선생님, 안녕하세요.
006	Chào em.	(손아랫사람에게) 안녕.
007	Tạm biệt.	잘 가요.
008	Hẹn gặp lại.	다시 만나요.
009	Cảm ơn(Cám ơn).	감사해요.
010	Không có gì(chi).	천만에요.
011	Xin lỗi.	죄송해요.
012	Không sao.	괜찮아요.
013	Rất vui được gặp cô.	선생님, 만나서 반가워요.

2. 이름, 신분, 관계 말하기

014	Tôi là **이름**. = 저(는) ~이에요.	
	Tôi là Kim YeonJin.	저는 김연진이에요.
015	Tôi tên là **이름**. = 제 이름(은) ~이에요.	
	Tôi tên là Kim YeonJin.	제 이름은 김연진이에요.

016 Tôi là 신분. = 저(는) ~이에요.

Tôi là sinh viên. 저는 대학생이에요.

017 Chị ấy là người 국가명. = 그녀(는) ~(나라) 사람이에요.

Chị ấy là người Hàn Quốc. 그녀는 한국 사람이에요.

018 Em ấy là sinh viên năm 서수. = 걔(는) 대학교 ~학년이에요.

Em ấy là sinh viên năm thứ nhất. 걔는 대학교 1학년이에요.

019 Tôi và A là 관계. = 저와 A(는) ~(지간)이에요.

Tôi và chị ấy là chị em. 저와 그녀는 자매예요.

020 Tôi là A của B. = 저(는) B의 A예요.

Tôi là vợ của anh ấy. 저는 그의 아내예요.

021 Tôi là nhân viên 일터 này. = 저(는) 이 ~ 직원이에요.

Tôi là nhân viên công ty này. 저는 이 회사 직원이에요.

022 Tôi không phải là 이름/신분. = 저(는) ~(이) 아니에요.

Tôi không phải là giám đốc. 저는 사장이 아니에요.

---

3. 동작, 행동 말하기

023 Tôi ăn 음식. = 저(는) ~(을/를) 먹어요.

Tôi ăn cơm. 저는 밥을 먹어요.

024 Tôi uống 음료. = 저(는) ~(을/를) 마셔요.

Tôi uống nước. 저는 물을 마셔요.

025 Tôi mặc 의복. = 저(는) ~(을/를) 입어요.

Tôi mặc áo. 저는 옷을 입어요.

026   Tôi xem 보는 것. = 저(는) ~(을/를) 봐요.

Tôi xem phim.   저는 영화를 봐요.

027   Tôi nghe 듣는 것. = 저(는) ~(을/를) 들어요.

Tôi nghe nhạc.   저는 음악을 들어요.

028   Tôi học 배우는 것. = 저(는) ~(을/를) 배워요.

Tôi học tiếng Anh.   저는 영어를 배워요.

029   Tôi viết 쓰는 것. = 저(는) ~(을/를) 써요.

Tôi viết nhật ký.   저는 일기를 써요.

030   Tôi mua 사는 것. = 저(는) ~(을/를) 사요.

Tôi mua túi xách.   저는 가방을 사요.

031   Tôi bán 파는 것. = 저(는) ~(을/를) 팔아요.

Tôi bán hoa quả/trái cây.   저는 과일을 팔아요.

032   Tôi đi 동사. = 저(는) ~하러 가요.

Tôi đi mua sắm.   저는 쇼핑하러 가요.

033   Tôi 동사(동사+명사). = 저는 ~해요.

Tôi nấu ăn/lái xe/tập thể dục.   저는 요리/운전/운동해요.

034   Tôi yêu 사랑의 대상. = 저(는) ~(을/를) 사랑해요.

Tôi yêu gia đình.   저는 가족을 사랑해요.

035   Tôi làm 대상. = 저(는) ~(을/를) 해요.

Tôi đang làm bài tập.   저는 숙제를 하고 있어요.

036 Tôi ở 장소. = 저(는) ~(에) 있어요.

Tôi đang ở nhà. 저는 집에 있어요.

037 A ở trên 장소. = A(는) ~ 위에 있어요.

Hoa quả/Trái cây ở trên cái bàn. 과일이 탁자 위에 있어요.

038 A ở trong 장소. = A(는) ~ 안에 있어요.

Mẹ/Má của tôi đang ở trong phòng. 저희 어머니는 방 안에 계세요.

039 A không có ở 장소. = A(는) ~(에) 안 있어요.

Bố của tôi đang không có ở nhà. 저희 아버지는 집에 안 계세요.

040 A làm việc ở 장소. = A(는) ~에서 일해요.

Tôi làm việc ở công ty Hàn Quốc. 저는 한국 회사에서 일해요.

041 A có 소유물. = A(는) ~(이/가) 있어요.

Tôi có điện thoại. 저는 전화기가 있어요.

042 A có một 명사. = A(는) 한 개/명의 ~(이/가) 있어요.

Tôi có một em gái. 저는 여동생이 한 명 있어요.

043 A có nhiều 명사. = A(는) ~(이/가) 많이 있어요.

Tôi có nhiều bạn. 저는 친구가 많이 있어요.

044 A không có **sở hữu**. = A(는) ~(이/가) 없어요.

Tôi không có thời gian.   저는 시간이 없어요.

045 Đây là **sự vật**. = 이것(은) ~이에요.

Đây là túi xách của tôi.   이것은 나의 가방이에요.

---

046 Bây giờ là <u>số giờ</u>. = 지금(은) ~시예요.

một(1) / hai(2) / ba(3) / bốn(4) / năm(5) / sáu(6) / bảy(7) / tám(8) /

chín(9) / mười(10) / mười một(11) / mười hai(12)

Bây giờ là mười hai giờ.   지금은 12시예요.

047 Bây giờ là <u>số giờ số phút</u>. = 지금(은) ~시 ~분이에요.

mười(10) / hai mươi(20) / ba mươi(30) / bốn mươi(40) /

năm mươi(50)

Bây giờ là một giờ ba mươi phút.   지금은 1시 30분이에요.

048 Bây giờ là <u>số giờ rưỡi</u>. = 지금(은) ~시 반이에요.

Bây giờ là hai giờ rưỡi.   지금은 2시 반이에요.

049 Hôm nay là **요일**. = 오늘(은) ~이에요.

chủ nhật(일요일) / thứ hai(월요일) / thứ ba(화요일) / thứ tư(수요일) /

thứ năm(목요일) / thứ sáu(금요일) / thứ bảy(토요일)

Hôm nay là thứ hai.   오늘은 월요일이에요.

050   Hôm nay là **ngày 숫자 tháng 숫자**. = 오늘(은) ~월 ~일이에요.

tháng một(1월) / tháng hai(2월) / tháng ba(3월) / tháng tư(4월) /

tháng năm(5월) / tháng sáu(6월) / tháng bảy(7월) / tháng tám(8월) /

tháng chín(9월) / tháng mười(10월) / tháng mười một(11월) /

tháng mười hai(12월)

Hôm nay là ngày một tháng một.   오늘은 1월 1일이에요.

051   Năm nay tôi **숫자 tuổi**. = 올해 저(는) ~살(이에요).

mười lăm(15) / hai mươi lăm(25) /ba mươi lăm(35) /

bốn mươi lăm(45)

Năm nay tôi ba mươi lăm tuổi.   올해 저는 35살이에요.

052   Tôi cao **숫자 cm**. = 저(는) 키가 ~cm이에요.

Tôi cao một trăm sáu mươi cm.   제 키는 160cm예요.

7. 성질, 상태 말하기

053   Áo này **rất 형용사**. = 이 옷(은) 아주 ~해요.

Áo này rất đắt/mắc.   이 옷은 아주 비싸요.

054   Món ăn kia **rất 형용사**. = 저 음식(은) 아주 ~해요.

Món ăn kia rất cay.   저 음식은 아주 매워요.

055   Phát âm của anh **rất 형용사**. = 당신의 발음(은) 아주 ~해요.

Phát âm của anh rất tốt.   당신의 발음은 아주 좋아요.

056   Tay của anh ấy **rất 형용사**. = 그의 손(은) 매우 ~해요.

Tay của anh ấy rất to.   그의 손은 매우 커요.

057   Phòng của anh ấy **rất 형용사**. = 그의 방(은) **아주 ~해요**.

Phòng của anh ấy rất sạch sẽ.   그의 방은 아주 깨끗해요.

058   Thời tiết hôm nay **rất 형용사**. = 오늘 날씨(가) **아주 ~해요**.

Thời tiết hôm nay rất nóng.   오늘 날씨가 아주 더워요.

059   Dạo này em **rất 형용사**. = 요즘 저(는) **매우 ~해요**.

Dạo này em rất bận.   요즘 저는 매우 바빠요.

060   Học tiếng Việt **rất 형용사**. = 베트남어 공부(가) **너무 ~해요**.

Học tiếng Việt rất khó.   베트남어 공부가 너무 어려워요.

061   Anh **형용사 quá**. = 당신(은) **아주 ~하네요**.

Anh cao quá.   당신은 키가 아주 크네요.

062   Món ăn này **형용사 quá**. = 이 음식(은) **아주 ~하네요**.

Món ăn này ngon quá.   이 음식은 아주 맛있네요.

063   Con mèo này **형용사 quá**. = 이 고양이(는) **아주 ~하네요**.

Con mèo này dễ thương quá.   이 고양이는 아주 귀엽네요.

064   Ở công viên này có nhiều **명사 lắm**. = 이 공원에(는) **~(이) 아주 많아요**.

Ở công viên này có nhiều người lắm.   이 공원에는 사람이 아주 많아요.

065   Hôm nay không **형용사 lắm**. = 오늘(은) **별로 안 ~해요**.

Hôm nay không mệt lắm.   오늘은 별로 안 피곤해요.

8. '가다, 오다' 활용해서 말하기

066   Ngày mai tôi đi 장소. = 저(는) 내일 ~(에) 가요.

      Ngày mai tôi đi Busan.   저는 내일 부산에 가요.

067   Mỗi ngày tôi đi 동사. = 저(는) 매일 ~하러 가요.

      Mỗi ngày tôi đi làm việc.   저는 매일 일하러 가요.

068   Tôi đến 장소. = 저(는) ~(에) 가요.

      Tôi đến công ty.   저는 회사에 가요.

069   Tôi (đi) về 집/나라/고향. = 저(는) ~(에) 돌아가요.

      Tôi (đi) về nhà.   저는 집에 돌아가요.

070   Tôi đi 장소 để 동사. = 저(는) ~하러 ~(에) 가요.

      Tôi đi siêu thị để mua hàng.   저는 물건을 사러 마트에 가요.

071   Tôi đến đây để 동사. = 저(는) ~하러 여기(에) 와요.

      Tôi đến đây để tập thể dục.   저는 운동하러 여기에 와요.

9. 취향, 기호 말하기

072   Tôi thích 대상. = 저(는) ~(을/를) 좋아해요.

      Tôi thích chó con.   저는 강아지를 좋아해요.

073   Tôi thích 계절. = 저(는) ~(을/를) 좋아해요.

      mùa xuân(봄) / mùa hè(여름) / mùa thu(가을) / mùa đông(겨울)

      Tôi thích mùa xuân.   저는 봄을 좋아해요.

074 Tôi rất thích 동사. = 저(는) ~하기(를) 아주 좋아해요.

Tôi rất thích đi dạo. 저는 산책하길 아주 좋아해요.

075 Tôi không thích 대상/행위. = 저(는) ~(을/를) 안 좋아해요.

Tôi không thích con mèo. 저는 고양이를 안 좋아해요.

076 Tôi muốn 동사. = 저(는) ~하고 싶어요.

Tôi muốn nghỉ. 저는 쉬고 싶어요.

077 Tôi muốn 동사. = 저(는) ~하고 싶어요.

Tôi muốn kết hôn. 저는 결혼하고 싶어요.

078 Tôi muốn trở thành 명사. = 저(는) ~(이/가) 되고 싶어요.

Tôi muốn trở thành ca sĩ. 저는 가수가 되고 싶어요.

079 Tôi muốn ăn 음식. = 저(는) ~(을/를) 먹고 싶어요.

Tôi muốn ăn món ăn Tây. 저는 서양 음식을 먹고 싶어요.

080 Tôi muốn uống 음료. = 저(는) ~(을/를) 마시고 싶어요.

Tôi muốn uống cà phê sữa đá. 저는 아이스 밀크 커피를 마시고
싶어요.

081 Tôi muốn mua 물건. = 저(는) ~(을/를) 사고 싶어요.

Tôi muốn mua một quyển sách này. 저는 이 책 한 권을 사고 싶어요.

082 Tôi không muốn 동사. = 저(는) ~하고 싶지 않아요.

Tôi không muốn làm đêm. 저는 야근하고 싶지 않아요.

083   Tôi nhớ 명사. = 저(는) ~(이/가) 보고 싶어요.

Tôi nhớ gia đình.   저는 가족이 보고 싶어요.

084   Tôi sắp ăn 음식. = 저(는) 곧 ~(을/를) 먹을 거예요.

Tôi sắp ăn cơm.   저는 곧 밥을 먹을 거예요.

085   Tôi sẽ 동사. = 저(는) ~할 거예요.

Tôi sẽ làm việc ở Việt Nam.   저는 베트남에서 일할 거예요.

086   Tôi phải 동사. = 저(는) ~해야 해요.

Tôi phải học chăm chỉ.   저는 공부를 열심히 해야 해요.

---

11. 능력, 가능, 확신 말하기

087   Tôi có thể 동사 được. = 저(는) ~할 수 있어요.

Tôi có thể làm được.   저는 할 수 있어요.

088   Tôi không thể 동사 được. = 저(는) ~할 수 없어요.

Tôi không thể làm được.   저는 할 수 없어요.

089   Tôi nói được 언어. = 저(는) ~(을/를) 말할 수 있어요.

Tôi nói được tiếng Việt.   저는 베트남어를 말할 수 있어요.

090   Tôi không nói được 언어. = 저(는) ~(을/를) 말하지 못해요.

Tôi không nói được tiếng Anh.   저는 영어를 말하지 못해요.

091   Tôi không được uống 음료. = 저(는) ~(을/를) 마시면 안 돼요.

Tôi không được uống sữa.   저는 우유를 마시면 안 돼요.

092   Tôi biết 동사. = 저(는) ~할 줄 알아요.

Tôi biết lái xe.   저는 운전할 줄 알아요.

093 Tôi không biết uống 음료. = 저(는) ~(을/를) 마실 줄 몰라요.

Tôi không biết uống rượu.   저는 술을 마실 줄 몰라요.

094 Anh ấy 동사 rất giỏi. = 그(는) ~하는 걸 아주 잘해요.

Anh ấy nhảy rất giỏi.   그는 춤을 아주 잘 춰요.

095 Anh ấy 동사 rất kém. = 그(는) ~하는 걸 아주 못해요.

Anh ấy hát rất kém.   그는 노래를 아주 못해요.

096 Anh ấy chắc chắn sẽ 동사. = 그(는) 반드시 ~할 거예요.

Anh ấy chắc chắn sẽ thành công.   그는 반드시 성공할 거예요.

12. 명령, 권유, 제안 말하기

097 Đừng 동사 nhé. = ~하지 마세요.

Đừng hút thuốc nhé.   담배 피지 마세요.

098 Xin 동사. = ~해 주세요.

Xin chờ một chút.   잠시만 기다려 주세요.

099 Xin mời 동사. = (자/어서) ~하세요.

Xin mời vào.   들어오세요.

100 Anh hãy 동사 đi. = (당신은) ~해 보세요.

Anh hãy tin em đi.   저를 믿어 보세요.

CHAPTER 01

평소 하는 일의
'빈도수·때' 말하기

Tôi hay đi nhà sách.

저는 자주 서점에 가요.

① hay = 자주, 종종

일반적으로 빈도부사가 들어간 문장은 '주어+빈도부사+동사'의 어순이 됩니다.

(ex) 주어+hay+동사. = 주어는 자주·종종 ~해요.

→ hay는 특정 행위를 짧은 간격으로 반복해서 할 경우에 사용합니다.

② đi = 가다 / nhà sách = 서점

Tôi hay đi nhà sách. = 저는 자주 서점에 가요.

MP3 듣고 따라 말하며 세 번씩 써보기	∩ mp3 001

①

②

③

응용해서 써본 후 MP3 듣고 따라 말하기	∩ mp3 002

① 저는 자주 친구와 맥주를 마셔요. [마시다 = uống, 맥주 = bia, 친구와 = với bạn]

→

② 저는 자주 친구와 싸워요. [싸우다 = cãi nhau]

→

---

① Tôi hay uống bia với bạn.

② Tôi hay cãi nhau với bạn.

Tôi thỉnh thoảng đi dạo với gia đình.

저는 때때로 가족과 산책을 해요.

① thỉnh thoảng = 때때로

주어+thỉnh thoảng+동사. = 주어는 때때로 ~해요.

→ thỉnh thoảng은 어떤 행위를 어쩌다가 한 번씩 할 때 사용되는 빈도부사이며, 동일한 뜻
   의 표현으로는 đôi khi가 있습니다.

② đi dạo = 산책하다 / với gia đình = 가족과

Tôi thỉnh thoảng đi dạo với gia đình. = 저는 때때로 가족과 산책을 해요.

MP3 듣고 따라 말하며 세 번씩 써보기　　　　　　　　　　　　　　🎧 mp3 003

①

②

③

응용해서 써본 후 MP3 듣고 따라 말하기　　　　　　　　　　　　　🎧 mp3 004

① 저는 때때로 지하철을 타요. [~을 타다 = đi+교통수단, 지하철 = tàu điện ngầm]

→

② 저는 때때로 버스를 타요. [버스 = xe buýt]

→

---

① Tôi thỉnh thoảng đi tàu điện ngầm.

② Tôi thỉnh thoảng đi xe buýt.

Tôi luôn luôn thức dậy lúc 7 giờ sáng.

저는 항상 아침 7시에 일어나요.

① luôn luôn = 언제나, 항상

　주어+luôn luôn+동사. = 주어는 항상 ~해요.

② thức dậy = 일어나다 / lúc+숫자 giờ = ~시에

　sáng = 아침 → lúc+숫자 giờ+sáng = 아침 ~시에

　Tôi luôn luôn thức dậy lúc 7 giờ sáng. = 저는 항상 아침 7시에 일어나요.

　→ 아침 외의 때를 붙여서 '저녁 ~시에'와 같이 말해 볼 수도 있겠죠?

MP3 듣고 따라 말하며 세 번씩 써보기	∩ mp3 005

① _____

② _____

③ _____

응용해서 써본 후 MP3 듣고 따라 말하기	∩ mp3 006

① 저는 항상 7시에 아침을 먹어요. [아침을 먹다 = ăn sáng]

　→ _____

② 저는 항상 저녁 7시에 운동하러 가요. [운동하러 가다 = đi tập thể dục, 저녁 = tối]

　→ _____

---

① Tôi luôn luôn ăn sáng lúc 7 giờ.

② Tôi luôn luôn đi tập thể dục lúc 7 giờ tối.

Cuối tuần tôi thường đi quán cà phê.

주말에 저는 보통 카페에 가요.

① thường = 보통 (특정 상황에서 습관적으로 하는 행위를 말할 때 곧잘 사용)

주어+thường+동사. = 주어는 보통 ~해요.

② cuối tuần = 주말(에) / đi = 가다 / quán cà phê = 카페

Cuối tuần tôi thường đi quán cà phê. = 주말에 저는 보통 카페에 가요.

→ 'cuối tuần'과 같은 시간 표현의 경우, 문장 맨 앞이 아닌 문장 뒤쪽에서 쓰일 땐 전치사 'vào(~에)'와 함께 사용됩니다. (ex) vào cuối tuần = 주말에

MP3 듣고 따라 말하며 세 번씩 써보기　　　　　　🎧 mp3 007

① _____

② _____

③ _____

응용해서 써본 후 MP3 듣고 따라 말하기　　　　　　🎧 mp3 008

① 주말에 저는 보통 등산을 가요. [등산을 가다 = đi leo núi]

→

② 주말에 저는 보통 맛집을 찾아다녀요. [찾아다니다 = đi tìm, 맛집 = nhà hàng ngon]

→

---

① Cuối tuần tôi thường đi leo núi.

② Cuối tuần tôi thường đi tìm nhà hàng ngon.

Tôi đi nhà thờ vào mỗi chủ nhật.

저는 일요일마다 교회에 가요.

① mỗi+요일 = ~요일마다

vào mỗi 요일 = ~요일마다에

주어+동사+vào mỗi 요일. = **주어는** ~요일마다(에) ~해요.

→ 앞서 'vào'는 요일과 같은 시간 표현 앞에 붙여서 쓴다고 배웠죠?

② đi nhà thờ = 교회에 가다

Tôi đi nhà thờ vào mỗi chủ nhật. = 저는 일요일마다 교회에 가요.

MP3 듣고 따라 말하며 세 번씩 써보기　　　　　　　　　　🎧 mp3 009

①

②

③

응용해서 써본 후 MP3 듣고 따라 말하기　　　　　　　　　　🎧 mp3 010

① 저는 월요일마다 운동하러 가요. [월요일 = thứ hai]

　　→

② 저는 토요일마다 친구와 맥주를 마셔요. [토요일 = thứ bảy]

　　→

---

① Tôi đi tập thể dục vào mỗi thứ hai.

② Tôi uống bia với bạn vào mỗi thứ bảy.

Tôi học tiếng Việt ba buổi một tuần.

저는 일주일에 세 번 베트남어를 공부해요.

① 숫자+buổi = ~번 / một tuần = 일주일

숫자 buổi một tuần = 일주일에 ~번

→ 주어+동사+숫자 buổ một tuần. = 주어는 일주일에 ~번 ~해요.

② học = 공부하다 / tiếng Việt = 베트남어 / ba = 3(셋)

Tôi học tiếng Việt ba buổi một tuần.

= 저는 일주일에 세 번 베트남어를 공부해요.

MP3 듣고 따라 말하며 세 번씩 써보기   🎧 mp3 011

①

②

③

응용해서 써본 후 MP3 듣고 따라 말하기   🎧 mp3 012

① 저는 일주일에 다섯 번 베트남어를 공부해요. [5(다섯) = năm]

→

② 저는 일주일에 여섯 번 일해요. [일하다 = làm việc, 6(여섯) = sáu]

→

---

① Tôi học tiếng Việt năm buổi một tuần.

② Tôi làm việc sáu buổi một tuần.

Tôi ít khi uống rượu.

저는 술을 거의 안 마셔요.

① ít khi = 거의 안 (~하는)

　주어+ít khi+동사. = 주어는 거의 안 ~해요.

　→ 'ít khi'라는 표현은 '아예 ~하지 않는다'라고 부정하는 'không'과 달리 아예 안 하진 않

　　지만 희박한 빈도수로 하는 행동을 묘사할 때 씁니다.

② uống = 마시다 / rượu = 술

　Tôi ít khi uống rượu. = 저는 술을 거의 안 마셔요.

MP3 듣고 따라 말하며 세 번씩 써보기　　　　　　　　🎧 mp3 013

① _____

② _____

③ _____

응용해서 써본 후 MP3 듣고 따라 말하기　　　　　　　　🎧 mp3 014

① 저는 담배를 거의 안펴요. [담배를 피우다 = hút thuốc]

　→ _____

② 저는 약을 거의 안 먹어요. [약을 마시다(복용하다) = uống thuốc]

　→ _____

---

① Tôi ít khi hút thuốc.

② Tôi ít khi uống thuốc.

Trước khi ăn cơm, tôi rửa tay.

밥 먹기 전에 저는 손을 씻어요.

① trước khi = ~ 전에

Trước khi+나중에 하는 것, 이후에 하는 것. = ~하기 전에, ~해요.

→ 위와 같이 'trước khi'가 문장 맨 앞에 나오는 구조로 말할 수도 있지만, '이후에 하는 것 +trước khi+나중에 하는 것'과 같은 어순으로 말해도 됩니다.

② rửa = 씻다 / tay = 손

Trước khi ăn cơm, tôi rửa tay. = 밥 먹기 전에 저는 손을 씻어요.

MP3 듣고 따라 말하며 세 번씩 써보기   🎧 mp3 015

① _____

② _____

③ _____

응용해서 써본 후 MP3 듣고 따라 말하기   🎧 mp3 016

① 밥 먹기 전에 저는 물을 마셔요.

→ _____

② 밥 먹기 전에 저는 청소를 해요. [청소하다, 수습하다 = dọn dẹp]

→ _____

---

① Trước khi ăn cơm, tôi uống nước.

② Trước khi ăn cơm, tôi dọn dẹp nhà.

Sau khi tan sở, tôi sẽ về nhà.

퇴근한 후 저는 집에 갈 거예요.

① sau khi = ~ 후에 / sẽ = ~할 것이다

Sau khi+동사(1), 주어+sẽ 동사(2). = 주어는 동사(1)한 후에 동사(2)할 거예요.

→ '주어+sẽ 동사(2)+sau khi+동사(1)'의 어순으로 표현해도 무방합니다.

② tan sở = 퇴근하다

về(돌아가다)+nhà(집) → về nhà = 집에 가다

Sau khi tan sở, tôi sẽ về nhà. = 저는 퇴근한 후 집에 갈 거예요.

MP3 듣고 따라 말하며 세 번씩 써보기　　　　　　　　　🎧 mp3 017

①

②

③

응용해서 써본 후 MP3 듣고 따라 말하기　　　　　　　　　🎧 mp3 018

① (sau khi로 시작하기) 커피를 마신 후 저는 집에 갈 거예요. [커피 = cà phê]

　　→

② (tôi로 시작하기) 밥을 먹고 난 후 저는 커피를 마실 거예요. [밥 = cơm]

　　→

> ① Sau khi uống cà phê, tôi sẽ đi về nhà.
>
> ② Tôi sẽ uống cà phê sau khi ăn cơm.

Tôi uống cà phê với bạn sau đó đi về nhà.

저는 친구와 커피를 마시고 나서 집에 갈 거예요.

① sau đó = 그러고 나서, (~하)고 나서

주어+동사(1)+sau đó+동사(2). = 주어는 동사(1)하고 나서 동사(2)할 거예요.

→ 문맥상 시제를 알 수 있을 경우, 시제를 만드는 조동사를 생략하는 것이 가능합니다.

② cà phê = 커피 / với bạn = 친구와

Tôi uống cà phê với bạn sau đó đi về nhà.

= 저는 <u>친구와</u> <u>커피</u>를 <u>마시</u>고 나서 집에 갈 거예요.

MP3 듣고 따라 말하며 세 번씩 써보기 ⌒ mp3 019

①

②

③

응용해서 써본 후 MP3 듣고 따라 말하기 ⌒ mp3 020

① 저는 손을 씻고 나서 밥을 먹을 거예요.

→

② 저는 베트남어를 공부하고 나서 유학을 갈 거예요. [유학을 가다 = đi du học]

→

| ① Tôi rửa tay sau đó ăn cơm. |
| ② Tôi học tiếng Việt sau đó đi du học. |

01. 앞서 배운 내용 중 주요 문법 및 표현을 정리해 봅시다.

□ '빈도수 · 때' 표현 총정리

표현	예문
hay **자주, 종종**	Tôi hay đi nhà sách. 저는 자주 서점에 가요.
thỉnh thoảng **때때로**	Tôi thỉnh thoảng đi dạo với gia đình. 저는 때때로 가족과 산책을 해요.
luôn luôn **언제나, 항상**	Tôi luôn luôn thức dậy lúc 7 giờ sáng. 저는 항상 아침 7시에 일어나요.
thường **보통**	Cuối tuần tôi thường đi quán cà phê. 주말에 저는 보통 카페에 가요.
vào mỗi 요일 **~요일마다**	Tôi đi nhà thờ vào mỗi chủ nhật. 저는 일요일마다 교회에 가요.
숫자 buổi một tuần **일주일에 ~번**	Tôi học tiếng Việt ba buổi một tuần. 저는 일주일에 세 번 베트남어를 공부해요.
ít khi **거의 안 (~하다)**	Tôi ít khi uống rượu. 저는 술을 거의 안 마셔요.
trước khi **~ 전에**	Trước khi ăn cơm, tôi rửa tay. 밥 먹기 전에 저는 손을 씻었어요.
sau khi **~ 후에**	Sau khi tan sở, tôi sẽ về nhà. 퇴근한 후 저는 집에 갈 거예요.
sau đó **그러고(~(하)고) 나서**	Tôi uống cà phê với bạn sau đó đi về nhà. 저는 친구와 커피를 마시고 나서 집에 갈 거예요.

02. 아래의 한국어 문장들을 베트남어로 직접 작문해 보도록 하세요.   (정답 p.042)

① 저는 자주 서점에 가요.

→

② 저는 때때로 가족과 산책을 해요.

→

③ 저는 항상 아침 7시에 일어나요.

→

④ 주말에 저는 보통 카페에 가요.

→

⑤ 저는 일요일마다 교회에 가요.

→

⑥ 저는 일주일에 세 번 베트남어를 공부해요.

→

⑦ 저는 술을 거의 안 마셔요.

→

⑧ 밥 먹기 전에 저는 손을 씻어요.

→

⑨ 퇴근한 후 저는 집에 갈 거예요.

→

⑩ 저는 친구와 커피를 마시고 나서 집에 갈 거예요.

→

① Tôi hay đi nhà sách.

② Tôi thỉnh thoảng đi dạo với gia đình.

③ Tôi luôn luôn thức dậy lúc 7 giờ sáng.

④ Cuối tuần tôi thường đi quán cà phê.

⑤ Tôi đi nhà thờ vào mỗi chủ nhật.

⑥ Tôi học tiếng Việt ba buổi một tuần.

⑦ Tôi ít khi uống rượu.

⑧ Trước khi ăn cơm, tôi rửa tay.

⑨ Sau khi tan sở, tôi sẽ về nhà.

⑩ Tôi uống cà phê với bạn sau đó đi về nhà.

MEMO **틀린 문장이 있을 경우 아래에 몇 번씩 반복해서 써보세요.**

CHAPTER 02

'상태'를 강조해서
묘사하기

Tôi đói bụng quá.

저는 매우 배고파요.

① quá = 매우, 몹시 (형용사 '뒤'에 붙어 형용사를 강조하는 정도부사)

　주어+형용사+quá. = 주어는 매우·몹시 ~해요.

② đói bụng = 배고픈

　Tôi đói bụng. = 저는 배고파요.

　Tôi đói bụng quá. = 저는 매우 배고파요.

　*참고로 'đói quá'라고만 말해도 '매우 배고프다'라는 뜻이 될 수 있습니다.

MP3 듣고 따라 말하며 세 번씩 써보기	🎧 mp3 021

①

②

③

응용해서 써본 후 MP3 듣고 따라 말하기	🎧 mp3 022

① 저는 매우 배불러요. [배부른 = no bụng]

　→

② 저는 배가 매우 아파요. [배 아픈 = đau bụng]

　→

① Tôi no bụng quá.
② Tôi đau bụng quá.

Tôi thấy đau bụng quá.

저는 배가 매우 아파요.

① thấy = 느끼다; 보다; 알아차리다 / đau = 아픈

　thấy đau = 아프게 느끼다 → 결국 '아프다'라고 해석 가능합니다.

　주어+thấy đau+아픈 부위. = 주어는 ~(라는 부위)가 아파요.

② bụng = 배

　Tôi thấy đau bụng. = 저는 배가 아파요.

　Tôi thấy đau bụng quá. = 저는 배가 매우 아파요.

MP3 듣고 따라 말하며 세 번씩 써보기	🎧 mp3 023

①

②

③

응용해서 써본 후 MP3 듣고 따라 말하기	🎧 mp3 024

① 저는 머리가 매우 아파요. [머리 = đầu]

　→

② 저는 이가 매우 아파요. [이 = răng]

　→

---

① Tôi thấy đau đầu quá.

② Tôi thấy đau răng quá.

Anh ấy nói tiếng Việt quá giỏi.

그는 베트남어 말하기를 너무 잘해요.

① quá+형용사 = (과할 정도로) 너무 ~하다

→ quá가 형용사 앞에 붙게 되면 상태가 '지나칠 정도로 과하게 너무 ~하다'라고 묘사하는 뉘앙스의 표현이 됩니다.

② 주어+동사+quá+형용사. = 주어는 ~하기를 너무 ~해요.

nói = 말하다 / tiếng Việt = 베트남어 / giỏi = 잘하는

Anh ấy nói tiếng Việt quá giỏi. = 그는 베트남어 말하기를 너무 잘해요.

MP3 듣고 따라 말하며 세 번씩 써보기　　　　　　　　　　　　　🎧 mp3 025

① _____

② _____

③ _____

응용해서 써본 후 MP3 듣고 따라 말하기　　　　　　　　　　　　🎧 mp3 026

① 그는 베트남어 말하기를 너무 못해요. [못하는 = kém]

　　→ _____

② 그는 베트남어 말하기가 너무 유창해요. [유창한 = lưu loát]

　　→ _____

---

① Anh ấy nói tiếng Việt quá kém.

② Anh ấy nói tiếng Việt quá lưu loát.

Phố này rất bẩn.

이 거리는 매우 더러워요.

① rất = 매우, 아주 (형용사 '앞'에 붙어 형용사를 강조하는 정도부사)
주어+rất+형용사. = 주어는 매우 · 아주 ~해요.

② phố = 길, 거리 (북부에선 phố, 남부에선 đường으로 지칭, 지역에 상관없이 말할 땐 đường phố) / này = 이(곳 · 것) / bẩn = 더러운
Phố này bẩn. = 이 거리는 더러워요.
Phố này rất bẩn. = 이 거리는 매우 더러워요.

MP3 듣고 따라 말하며 세 번씩 써보기   ◯ mp3 027

① _____

② _____

③ _____

응용해서 써본 후 MP3 듣고 따라 말하기   ◯ mp3 028

① 이 거리는 매우 깨끗해요. [깨끗한 = sạch sẽ]

→ _____

② 이 거리는 매우 복잡해요. [복잡한 = phức tạp]

→ _____

---

① Phố này rất sạch sẽ.

② Phố này rất phức tạp.

Tôi thấy rất là bực mình.

저 너무 화나는 느낌이에요.

① rất là 형용사 = 너무 ~하다 / thấy = 느끼다

Tôi thấy rất là 형용사. = 내가 너무 ~하다고 느낀다.

→ 결국 '저 굉장히 ~한 느낌이 들어요, 저 너무 ~한 느낌이에요'라고 해석 가능합니다.

② bực mình = 화난

Rất là bực mình. = 너무 화나요.

Tôi thấy rất là bực mình. = 저 너무 화나는 느낌이에요.

MP3 듣고 따라 말하며 세 번씩 써보기　　　　　　　　　　🎧 mp3 029

①

②

③

응용해서 써본 후 MP3 듣고 따라 말하기　　　　　　　　　　🎧 mp3 030

① 저 너무 짜증나는 느낌이에요. [짜증난 = tức giận]

→

② 저 너무 슬픈 느낌이 들어요. [슬픈 = buồn]

→

① Tôi thấy rất là tức giận.
② Tôi thấy rất là buồn.

Cô ấy cực kỳ đẹp.

그녀는 엄청 예뻐요.

① cực kỳ = 몹시, 극히, 엄청 (형용사 '앞'에 붙어 형용사를 강조하는 정도부사)

　　주어+cực kỳ+형용사. = 주어는 몹시 · 극히 · 엄청 ~해요.

　　→ cực kỳ는 한자어 '극히(極期)'에서 파생된 정도부사이며, 비교 대상이 없을 정도로 수준이
　　　나 정도가 강하다고 말할 때 쓸 수 있는 표현입니다.

② đẹp = 예쁜

　　Cô ấy cực kỳ đẹp. = 그녀는 엄청 예뻐요.

MP3 듣고 따라 말하며 세 번씩 써보기　　　　　　　　　　🎧 mp3 031

①

②

③

응용해서 써본 후 MP3 듣고 따라 말하기　　　　　　　　　🎧 mp3 032

① 그녀는 몹시 피곤해요. [피곤한 = mệt]

　　→

② 그녀는 엄청 잘해요. [잘하는 = giỏi]

　　→

| ① Cô ấy cực kỳ mệt. |
| ② Cô ấy cực kỳ giỏi. |

Dạo này tôi hơi bận.

요즘 저는 다소 바빠요.

① hơi = 약간, 다소, 얼마간

주어+hơi+형용사. = 주어는 다소 ~해요.

→ hơi는 형용사 앞에 붙어 형용사를 강조해 주는 정도부사 역할을 합니다.

② dạo này = 요즘 / bận = 바쁜

Dạo này tôi bận. = 요즘 저는 바빠요.

Dạo này tôi hơi bận. = 요즘 저는 다소 바빠요.

MP3 듣고 따라 말하며 세 번씩 써보기   🎧 mp3 033

①

②

③

응용해서 써본 후 MP3 듣고 따라 말하기   🎧 mp3 034

① 요즘 저는 다소 피곤해요. [피곤하다 = mệt mỏi]

→

② 요즘 저는 다소 우울해요. [우울하다 = buồn]

→

---

① Dạo này tôi hơi mệt mỏi.

② Dạo này tôi hơi buồn.

Anh trai tôi không lịch sự lắm.

우리 오빠는 그다지 예의 있지 않아요.

① 주어+형용사+lắm. = 주어는 매우 ~해요.

　주어+không+형용사+lắm. = 주어는 그다지 ~하지 않아요.

　→ 정도부사 lắm이 형용사 뒤에서 단독으로 쓰일 땐 '매우 ~하다'라는 뜻으로 쓰이지만,

　　'không(아니다)'과 함께 쓰이면 '그다지 ~하지 않다'라는 뜻으로 쓰입니다.

② anh trai tôi = 우리 오빠 / lịch sự = 예의 바른

　Anh trai tôi không lịch sự lắm. = 우리 오빠는 그다지 예의 바르지 않아요.

MP3 듣고 따라 말하며 세 번씩 써보기	◯ mp3 035
①	
②	
③	

응용해서 써본 후 MP3 듣고 따라 말하기	◯ mp3 036

① 우리 오빠는 그다지 키가 크지 않아요. [키가 큰 = cao]

　→

② 우리 오빠는 그다지 키가 작지 않아요. [키가 작은 = thấp]

　→

① Anh trai tôi không cao lắm.

② Anh trai tôi không thấp lắm.

Giận chết đi được.

(지금) 짜증나 죽겠어요.

① chết = 죽은; 죽다 / đi = 가다 / 동사+được = ~할 수 있다

chết+đi+được = [직역] 죽어 갈 수 있다

감정·느낌+chết đi được = [직역] ~해서 죽어 갈 수 있다

→ 위 표현은 '(현재의 상태가) ~해서 죽겠다'라는 뉘앙스의 표현입니다.

② giận = 화난, 짜증난

Giận chết đi được. = (지금) 짜증나 죽겠어요.

MP3 듣고 따라 말하며 세 번씩 써보기	🎧 mp3 037
①	
②	
③	

응용해서 써본 후 MP3 듣고 따라 말하기	🎧 mp3 038

① 배불러 죽겠어요. [배부른 = no]

→

② 배고파 죽겠어요. [배고픈 = đói]

→

① No chết đi được.

② Đói chết đi được.

Nóng chết mất.

(나중에) 더워서 죽을 거예요.

① chết = 죽은; 죽다 / mất = 잃다

chết+mất = [직역] 죽어서 (의식을) 잃다

감정·느낌+chết mất = [직역] ~해서 죽어 의식을 잃을 것이다

→ 위 표현은 '(미래의 상태가) ~해서 죽을 지경일 거다'라는 뉘앙스의 표현입니다.

② nóng = 더운

Nóng chết mất. = (나중에) 더워서 죽을 거예요.

MP3 듣고 따라 말하며 세 번씩 써보기	🎧 mp3 039
①	
②	
③	

응용해서 써본 후 MP3 듣고 따라 말하기	🎧 mp3 040

① 추워서 죽을 거예요. [추운 = lạnh]

→

② 보고 싶어 죽을 거예요. (= 죽도록 보고플 거예요.) [보고 싶은 = nhớ]

→

① Lạnh chết mất.
② Nhớ chết mất.

01. 앞서 배운 내용 중 주요 문법 및 표현을 정리해 봅시다.

☐ '상태'를 강조하는 표현 총정리

표현	예문
주어+형용사+quá. **주어는 매우·몹시 ~해요.**	Tôi đói bụng quá. 저는 매우 배고파요.
주어+thấy đau+아픈 부위+quá. **주어는 ~가 너무 아파요.**	Tôi thấy đau bụng quá. 저는 배가 매우 아파요.
주어+동사+quá+형용사. **주어는 ~하기를 너무 ~해요.**	Anh ấy nói tiếng Việt quá giỏi. 그는 베트남어 말하기를 너무 잘해요.
주어+rất+형용사. **주어는 매우·아주 ~해요.**	Phố này rất bẩn. 이 거리는 매우 더러워요.
Tôi thấy rất là 형용사. **내가 너무 ~하다고 느낀다.**	Tôi thấy rất là bực mình. 저 너무 화나는 느낌이에요.
주어+cực kỳ+형용사. **주어는 몹시·극히·엄청 ~해요.**	Cô ấy cực kỳ đẹp. 그녀는 엄청 예뻐요.
주어+hơi+형용사. **주어는 다소 ~해요.**	Dạo này tôi hơi bận. 요즘 저는 다소 바빠요.
주어+không+형용사+lắm. **주어는 그다지 ~하지 않아요.**	Anh trai tôi không lịch sự lắm. 우리 오빠는 그다지 예의 있지 않아요.
감정·느낌+chết đi được **(지금) ~해서 죽겠다**	Giận chết đi được. (지금) 짜증나 죽겠어요.
감정·느낌+chết mất **(나중에) ~해서 죽을 것이다**	Nóng chết mất. (나중에) 더워서 죽을 거예요.

54

02. 아래의 한국어 문장들을 베트남어로 직접 작문해 보도록 하세요.　　　　(정답 p.056)

① 저는 매우 배고파요.

→

② 저는 배가 매우 아파요.

→

③ 그는 베트남어 말하기를 너무 잘해요.

→

④ 이 거리는 매우 더러워요.

→

⑤ 저 너무 화나는 느낌이에요.

→

⑥ 그녀는 엄청 예뻐요.

→

⑦ 요즘 저는 다소 바빠요.

→

⑧ 우리 오빠는 그다지 예의 있지 않아요.

→

⑨ (지금) 짜증나 죽겠어요.

→

⑩ (나중에) 더워서 죽을 거예요.

→

① Tôi đói bụng quá.

② Tôi thấy đau bụng quá.

③ Anh ấy nói tiếng Việt quá giỏi.

④ Phố này rất bẩn.

⑤ Tôi thấy rất là bực mình.

⑥ Cô ấy cực kỳ đẹp.

⑦ Dạo này tôi hơi bận.

⑧ Anh trai tôi không lịch sự lắm.

⑨ Giận chết đi được.

⑩ Nóng chết mất.

MEMO 틀린 문장이 있을 경우 아래에 몇 번씩 반복해서 써보세요.

CHAPTER 03

'상황'을 구체적으로 묘사하기

Tôi chưa kết hôn.

저는 아직 결혼하지 않았어요.

① chưa = 아직 ~하지 않았다; ~했습니까?

chưa는 아래와 같이 두 가지 형태로 활용 가능합니다.

[평서문] 주어+chưa+동사. = 주어는 아직 ~하지 않았어요.

[의문문] 평서문·과거문+chưa? = ~했나요?

② kết hôn = 결혼하다

Tôi chưa kết hôn. = 저는 아직 결혼하지 않았어요. (= 저는 아직 미혼이에요.)

MP3 듣고 따라 말하며 세 번씩 써보기　　　　　　　　🎧 mp3 041

① 　　　　　　　　　　　　　　　　　　

② 　　　　　　　　　　　　　　　　　　

③ 　　　　　　　　　　　　　　　　　　

응용해서 써본 후 MP3 듣고 따라 말하기　　　　　　　🎧 mp3 042

① 저는 아직 이 책을 안 샀어요. [사다 = mua, 이 책 = quyển sách này]

　　→

② 저는 아직 제 자격증을 안 받았어요. [받다 = lấy, 나의 자격증 = chứng chỉ của mình]

　　→

---

① Tôi chưa mua quyển sách này.

② Tôi chưa lấy chứng chỉ của mình.

Tôi chưa có người yêu.

저는 아직 애인이 없어요.

① chưa **có** = 아직 **가지지** 않았다

  chưa **có**+명사 = 아직 ~을 **가지지** 않았다

  주어+chưa **có**+명사. = 주어는 아직 ~을 **가지지** 않았어요.

  → 위의 말은 결국 '주어는 아직 ~이 없어요'라고 해석 가능합니다.

② người yêu = 애인

  Tôi chưa có **người yêu**. = 저는 아직 **애인**이 없어요.

MP3 듣고 따라 말하며 세 번씩 써보기 　　　　　　　　　　🎧 mp3 043

① _____

② _____

③ _____

응용해서 써본 후 MP3 듣고 따라 말하기 　　　　　　　　　🎧 mp3 044

① 저는 아직 남자친구/여자친구가 없어요. [남자친구 = bạn trai, 여자친구 = bạn gái]

　→

② 저는 아직 남편/부인/자녀가 없어요. [남편 = chồng, 부인 = vợ, 자녀 = con]

　→

---

① Tôi chưa có bạn trai/bạn gái.

② Tôi chưa có chồng/vợ/con.

Anh ấy vẫn còn ở Hà Nội.

그는 여전히 하노이에 있어요.

① vẫn còn = 아직(도), 여전히

　주어+vẫn còn+동사. = 주어는 아직(도) · 여전히 ~해요.

　→ vẫn còn에서 vẫn만 단독으로 써서 말할 수도 있습니다.

② ở = (~에) 있다 / Hà Nội = 하노이

　Anh ấy ở Hà Nội. = 그는 하노이에 있어요.

　Anh ấy vẫn còn ở Hà Nội. = 그는 여전히 하노이에 있어요.

MP3 듣고 따라 말하며 세 번씩 써보기　　　　　　　🎧 mp3 045

①

②

③

응용해서 써본 후 MP3 듣고 따라 말하기　　　　　　　🎧 mp3 046

① 그는 여전히 집에 있어요. [집 = nhà]

　→

② 그는 여전히 사무실에 있어요. [사무실 = văn phòng]

　→

---

① Anh ấy vẫn còn ở nhà.

② Anh ấy vẫn còn ở văn phòng.

Tôi chỉ có một anh trai thôi.

저는 단지 오빠만 있을 뿐이에요.

① chỉ+동사+thôi = 단지 ~할 뿐이다

　주어+chỉ+동사+thôi. = 주어는 단지 ~할 뿐이에요.

　→ chỉ나 thôi 둘 중 하나만 써도 되며 회화에서는 thôi 위주로, 책이나 문서에서는 chỉ 위

　　주로 많이 씁니다.

② có = 가지다, 있다 / anh trai = 오빠, 형 / một = 하나(1)

　Tôi chỉ có một anh trai thôi. = 저는 단지 (한 명의) 오빠만 있을 뿐이에요.

MP3 듣고 따라 말하며 세 번씩 써보기　　　　　　　　　　　🎧 mp3 047

①

②

③

응용해서 써본 후 MP3 듣고 따라 말하기　　　　　　　　　　🎧 mp3 048

① 저는 단지 영어만 (할 줄) 알 뿐이에요. [알다 = biết, 영어 = tiếng Anh]

　→

② 저는 이 가수만 좋아해요. [좋아하다 = thích, 이 가수 = ca sĩ này]

　→

---

① Tôi chỉ biết tiếng Anh thôi.
② Tôi chỉ thích ca sĩ này thôi.

Tôi sẽ ngủ lại.

저는 다시 잘 거예요.

① lại = 다시 / sẽ = ~할 것이다

주어+<u>sẽ</u>+동사+<u>lại</u>. = 주어는 다시 ~할 거예요.

→ lại는 동사 앞이 아니라 동사 '뒤'에 붙여서 사용하니 주의하세요.

② ngủ = 자다

Tôi <u>sẽ</u> <u>ngủ</u>. = 저는 잘 거예요.

Tôi <u>sẽ</u> <u>ngủ</u> <u>lại</u>. = 저는 다시 잘 거예요.

MP3 듣고 따라 말하며 세 번씩 써보기	∩ mp3 049

①

②

③

응용해서 써본 후 MP3 듣고 따라 말하기	∩ mp3 050

① 제가 다시 읽을게요. [읽다 = đọc]

→

② 제가 다시 말할게요. [말하다 = nói]

→

① Tôi sẽ đọc lại.
② Tôi sẽ nói lại.

Tôi bị ho.

저 기침이 나요.

① bị = (불유쾌한 일을) 겪다, 당하다

주어+bị+동사·형용사.= 주어가 ~하게 되다

→ bị는 주어가 안 좋은 일을 '당하게 된다(수동적인 의미)'고 말할 때 쓸 수 있는 표현이며, bị
뒤엔 불유쾌한 의미를 가진 동사·형용사를 붙여 말합니다.

② ho = 기침하다

Tôi bị ho. = 저는 기침이 나게 되었어요. (= 저 기침이 나요.)

MP3 듣고 따라 말하며 세 번씩 써보기   🎧 mp3 051

①

②

③

응용해서 써본 후 MP3 듣고 따라 말하기   🎧 mp3 052

① 저는 열이 높게(많이) 나요. [열이 있는; 열나다 = sốt, 높게 = cao]

·→

② 저는 콧물이 나와요. [콧물이 나오다 = sổ mũi]

→

---

① Tôi bị sốt cao.

② Tôi bị sổ mũi.

Tôi suýt bị ngã.

저 거의 넘어질 뻔했어요.

① suýt = (거의) ~할 뻔하다

　주어+suýt+동사. = 주어는 (거의) ~할 뻔했어요.

　→ suýt은 어떤 일이 일어나지는 않았지만, 그 일이 일어나기 직전의 상태까지 갔음을 말할 때
　　사용할 수 있습니다.

② ngã = 넘어지다 → bị ngã = 넘어지게 되다

　Tôi suýt bị ngã. = 저 거의 넘어지게 될(넘어질) 뻔했어요.

MP3 듣고 따라 말하며 세 번씩 써보기　　　　　　　　　　　　　　🎧 mp3 053

① _____

② _____

③ _____

응용해서 써본 후 MP3 듣고 따라 말하기　　　　　　　　　　　　　🎧 mp3 054

① 저는 벌금을 낼 뻔했어요. [벌금을 내게 되다 = bị phạt]

　→ _____

② 저는 눈물 날 뻔했어요. [울다, 눈물을 흘리다 = khóc]

　→ _____

① Tôi suýt bị phạt.
② Tôi suýt khóc.

01. 앞서 배운 내용 중 주요 문법 및 표현을 정리해 봅시다.

☐ '상황'을 구체적으로 묘사하는 표현 총정리

표현	예문
chưa+동사 아직 ~하지 않았다	Tôi chưa kết hôn. 저는 아직 결혼하지 않았어요. Tôi chưa mua quyển sách này. 저는 아직 이 책을 안 샀어요.
주어+chưa có+명사. 주어는 아직 ~을 가지지 않았어요.	Tôi chưa có người yêu. 저는 아직 애인이 없어요. Tôi chưa có chồng/vợ/con. 저는 아직 남편/부인/자녀가 없어요.
vẫn còn+동사·형용사 아직(도)·여전히 ~하다	Anh ấy vẫn còn ở Hà Nội. 그는 여전히 하노이에 있어요.
chỉ+동사+thôi 단지 ~할 뿐이다	Tôi chỉ có một anh trai thôi. 저는 단지 오빠만 있을 뿐이에요.
sẽ+동사+lại 다시 ~할 거다	Tôi sẽ ngủ lại. 저는 다시 잘 거예요.
bị+(불유쾌한) 동사·형용사 ~(안 좋은 상태에 처)하게 되다	Tôi bị ho. 저 기침하게 되었어요(기침이 나요). Tôi bị sốt cao. 저는 열이 높게(많이) 나요.
suýt+동사 ~할 뻔하다	Tôi suýt bị ngã. 저 거의 넘어질 뻔했어요.

02. 아래의 한국어 문장들을 베트남어로 직접 작문해 보도록 하세요. (정답 p.067)

① 저는 아직 결혼하지 않았어요.

　→

② 저는 아직 이 책을 안 샀어요.

　→

③ 저는 아직 애인이 없어요.

　→

④ 저는 아직 남편/부인/자녀가 없어요.

　→

⑤ 그는 여전히 하노이에 있어요.

　→

⑥ 저는 단지 오빠만 있을 뿐이에요.

　→

⑦ 저는 다시 잘 거예요.

　→

⑧ 저 기침이 나요.

　→

⑨ 저는 열이 높게(많이) 나요.

　→

⑩ 저 거의 넘어질 뻔했어요.

　→

① Tôi chưa kết hôn.

② Tôi chưa mua quyển sách này.

③ Tôi chưa có người yêu.

④ Tôi chưa có chồng/vợ/con.

⑤ Anh ấy vẫn còn ở Hà Nội.

⑥ Tôi chỉ có một anh trai thôi.

⑦ Tôi sẽ ngủ lại.

⑧ Tôi bị ho.

⑨ Tôi bị sốt cao.

⑩ Tôi suýt bị ngã.

MEMO 틀린 문장이 있을 경우 아래에 몇 번씩 반복해서 써보세요.

CHAPTER 04

'더 ~하다'라고
비교하며 묘사하기

Hôm nay lạnh hơn hôm qua.

오늘은 어제보다 더 추워요.

① hơn = 더; ~보다 (더), ~에 비하여

　형용사·동사+hơn+A(비교 대상) = A보다 (더) ~하다

　주어+형용사·동사+hơn+A(비교 대상). = 주어는 A보다 (더) ~해요.

　→ 주어가 어떤 대상보다 '수준·상태가 더 강할 때' 쓸 수 있는 표현입니다.

② hôm nay = 오늘 / lạnh = 추운 / hôm qua = 어제

　Hôm nay lạnh hơn hôm qua. = 오늘은 어제보다 더 추워요.

MP3 듣고 따라 말하며 세 번씩 써보기	∩ mp3 055
①	
②	
③	

응용해서 써본 후 MP3 듣고 따라 말하기	∩ mp3 056

① 오늘은 어제보다 더 따뜻해요. [따뜻한 = ấm]

　→

② 오늘은 어제보다 더 시원해요. [시원한 = mát]

　→

---

① Hôm nay ấm hơn hôm qua.

② Hôm nay mát hơn hôm qua.

Em trai to hơn anh trai.

동생이 형보다 덩치가 커요.

① to = 큰 / em trai = 남동생 / anh trai = 형

Em trai to hơn anh trai. = 동생이 형보다 (덩치가) 커요.

→ 위의 문장은 동생이 형보다 '키가 더 크다'라는 의미가 아니라, 동생이 형보다 '몸집(덩치)이
더 크다'라는 의미로 해석됩니다.

② 반대로 '덩치가 작다'고 할 땐 'nhỏ(작은)'를 써서 말하면 됩니다.

(ex) Em trai nhỏ hơn anh trai. = 동생이 형보다 덩치가 작아요.

MP3 듣고 따라 말하며 세 번씩 써보기　　　　　　　　　🎧 mp3 057

① _____

② _____

③ _____

응용해서 써본 후 MP3 듣고 따라 말하기　　　　　　　　🎧 mp3 058

① 동생이 형보다 키가 커요. [키가 큰 = cao]

→ _____

② 형이 동생보다 키가 작아요. [키가 작은 = thấp]

→ _____

---

① Em trai cao hơn anh trai.

② Anh trai thấp hơn em trai.

Anh ấy nhiều hơn tôi 3 tuổi.

그는 저보다 세 살 많아요.

① nhiều = 많은 / tuổi = 나이

    nhiều+hơn+A = A보다 많다

    nhiều+hơn+A+숫자 tuổi = A보다 ~살 많다

    → Anh ấy nhiều hơn tôi 3 tuổi. = 그는 저보다 세 살 많아요.

② 반대로 '~살 적다'고 할 땐 'ít(적은)'을 써서 말하면 됩니다.

    (ex) Anh ấy ít hơn tôi 3 tuổi. = 그는 저보다 세 살 적어요.

MP3 듣고 따라 말하며 세 번씩 써보기	🎧 mp3 059

①

②

③

응용해서 써본 후 MP3 듣고 따라 말하기	🎧 mp3 060

① 그녀는 저보다 한 살 많아요.

    →

② 걔는 나보다 한 살 적어요.

    →

> ① Chị ấy nhiều hơn tôi 1 tuổi.
>
> ② Em ấy ít hơn tôi 1 tuổi.

Hôm nay không lạnh hơn hôm qua.

오늘은 어제보다 춥지 않아요.

① 주어+형용사·동사+hơn+A. = 주어는 A보다 ~해요.

주어+không+형용사·동사+hơn+A. = 주어는 A보다 ~하지 않아요.

→ 주어가 어떤 대상보다 '수준·상태가 덜할 때' 쓸 수 있는 표현입니다.

(ex) Hôm nay không lạnh hơn hôm qua. = 오늘은 어제보다 춥지 않아요.

② 베트남에서는 날씨를 표현할 때 'trời(날씨, 하늘)'를 함께 곧잘 씁니다.

(ex) trời âm u = 날씨가 흐린; 흐린 날씨 / trời đẹp = 날씨가 좋은; 좋은 날씨

MP3 듣고 따라 말하며 세 번씩 써보기 🎧 mp3 061

①

②

③

응용해서 써본 후 MP3 듣고 따라 말하기 🎧 mp3 062

① 오늘은 어제보다 덥지 않아요. [더운 = nóng]

→

② 오늘은 어제보다 습하지 않아요. [습한 = âm]

→

| ① Hôm nay không nóng hơn hôm qua. |
| ② Hôm nay không ẩm hơn hôm qua. |

Thời tiết dần dần nóng hơn.

날씨가 점점 더 더워져요.

① dần dần = 점점, 차차로 → (북부 발음) 전전 / (남부 발음) 연연

주어+dần dần+형용사·동사. = 주어는 점점 ~해요.

주어+dần dần+형용사·동사+hơn. = 주어는 점점 더 ~해요.

→ 부사 'hơn(더)'까지 붙여 말하면 '점점 더 ~하다'라는 뜻으로 강조됩니다.

② thời tiết = 날씨 / nóng = 더운

Thời tiết dần dần nóng hơn. = 날씨가 점점 더 더워져요.

MP3 듣고 따라 말하며 세 번씩 써보기　　　　　　　　　　　🎧 mp3 063

①

②

③

응용해서 써본 후 MP3 듣고 따라 말하기　　　　　　　　　　　🎧 mp3 064

① 집값은 점점 올라요. [집값 = giá nhà, 오르다 = tăng lên]

→

② 베트남어 공부는 점점 더 어려워요. [베트남어 공부 = học tiếng Việt, 어려운 = khó]

→

---

① Giá nhà dần dần tăng lên.
② Học tiếng Việt dần dần khó hơn.

Việt Nam càng ngày càng phát triển.

베트남은 날이 갈수록 발전해요.

① càng = 더욱더

càng A càng B = A할수록 (더) B하다

주어+càng A càng B. = 주어는 A할수록 (더) B해요.

② ngày = 날, 일 → càng ngày = 날(이 갈)수록 (이 표현은 통째로 암기!)

phát triển = 발전하다

Việt Nam càng ngày càng phát triển. = 베트남은 날이 갈수록 발전해요.

MP3 듣고 따라 말하며 세 번씩 써보기	🎧 mp3 065

①

②

③

응용해서 써본 후 MP3 듣고 따라 말하기	🎧 mp3 066

① 이 음식은 먹을수록 맛있어요. [이 음식 = món ăn này, 맛있는 = ngon]

→

② 그녀는 볼수록 예뻐요. [보다 = nhìn, 예쁜 = xinh]

→

① Món ăn này càng ăn càng ngon.
② Càng nhìn cô ấy càng xinh.

01. 앞서 배운 내용 중 주요 문법 및 표현을 정리해 봅시다.

☐ '비교하여 묘사'하는 표현 총정리

표현	예문
형용사·동사+hơn+A A보다 (더) ~하다	Hôm nay lạnh hơn hôm qua. 오늘은 어제보다 더 추워요.
nhiều/ít+hơn+A+숫자 tuổi A보다 ~살 많다/적다	Anh ấy nhiều hơn tôi 3 tuổi. 그는 저보다 세 살 많아요. Anh ấy ít hơn tôi 3 tuổi. 그는 저보다 세 살 적어요.
không+형용사·동사+hơn+A A보다 ~하지 않다	Hôm nay không lạnh hơn hôm qua. 오늘은 어제보다 춥지 않아요.
dần dần+형용사·동사+hơn 점점 더 ~하다	Thời tiết dần dần nóng hơn. 날씨가 점점 더 더워져요.
càng A càng B A할수록 (더) B하다	Việt Nam càng ngày càng phát triển. 베트남은 날이 갈수록 발전해요.

☐ 외우 두면 좋은 표현 총정리

• càng ngày = 날이 갈수록
• trời âm u = 날씨가 흐린; 흐린 날씨 / trời đẹp = 날씨가 좋은; 좋은 날씨
• [덩치] to = 큰, nhỏ = 작은 / [신장] cao = 큰, thấp = 작은
  → Em trai to hơn anh trai. = 동생이 형보다 덩치가 커요.
  Anh trai thấp hơn em trai. = 형이 동생보다 키가 작아요.

02. 아래의 한국어 문장들을 베트남어로 직접 작문해 보도록 하세요.   (정답 p.078)

① 오늘은 어제보다 더 추워요.

　→

② 오늘은 어제보다 더 따뜻해요.

　→

③ 동생이 형보다 덩치가 커요.

　→

④ 형이 동생보다 키가 작아요.

　→

⑤ 그는 저보다 세 살 많아요.

　→

⑥ 오늘은 어제보다 덥지 않아요.

　→

⑦ 날씨가 점점 더 더워져요.

　→

⑧ 베트남어 공부는 점점 더 어려워요.

　→

⑨ 베트남은 날이 갈수록 발전해요.

　→

⑩ 그녀는 볼수록 예뻐요.

　→

① Hôm nay lạnh hơn hôm qua.

② Hôm nay ấm hơn hôm qua.

③ Em trai to hơn anh trai.

④ Anh trai thấp hơn em trai.

⑤ Anh ấy nhiều hơn tôi 3 tuổi.

⑥ Hôm nay không nóng hơn hôm qua.

⑦ Thời tiết dần dần nóng hơn.

⑧ Học tiếng Việt dần dần khó hơn.

⑨ Việt Nam càng ngày càng phát triển.

⑩ Càng nhìn cô ấy càng xinh.

MEMO 틀린 문장이 있을 경우 아래에 몇 번씩 반복해서 써보세요.

CHAPTER 05

동급 비교 & 최상급으로 묘사하기

Anh ấy đẹp trai bằng anh.

그는 당신만큼 잘생겼어요.

① bằng = ~만큼 ('의존명사'로서 쓰일 경우의 의미)

　형용사 · 동사+bằng+A(비교 대상) = A만큼 ~하다

　주어+형용사 · 동사+bằng+A(비교 대상). = 주어는 A만큼 ~해요.

　→ 주어를 어떤 대상과 '동등하게' 비교할 때 쓸 수 있는 표현입니다.

② đẹp trai = 잘생긴

　Anh ấy đẹp trai bằng anh. = 그는 당신만큼 잘생겼어요.

MP3 듣고 따라 말하며 세 번씩 써보기　　　　　　　　　🎧 mp3 067

① _____

② _____

③ _____

응용해서 써본 후 MP3 듣고 따라 말하기　　　　　　　　　🎧 mp3 068

① 이것은 저것만큼 어려워요. [이것 = cái này, 저것 = cái kia, 어려운 = khó]

　→ _____

② 이 차는 저 차만큼 비싸요. [이/저 자동차 = xe ô tô này/kia, 비싼 = đắt]

　→ _____

① Cái này khó bằng cái kia.
② Xe ô tô này đắt bằng xe ô tô kia.

Anh ấy hát hay giống như ca sĩ.

그는 가수처럼 노래를 잘 불러요.

① giống như = ~처럼; ~ 같다

형용사 · 동사+giống như+A(비교 대상) = A처럼 ~하다

주어+형용사 · 동사+giống như+A(비교 대상). = 주어는 A처럼 ~해요.

→ 이 역시 주어를 어떤 대상과 '동등하게' 비교할 때 쓸 수 있는 표현입니다.

② hát hay = 노래를 잘하다(잘 부르다) / ca sĩ = 가수

Anh ấy hát hay giống như ca sĩ. = 그는 가수처럼 노래를 잘 불러요.

MP3 듣고 따라 말하며 세 번씩 써보기　　　　　　　　　　🎧 mp3 069

①

②

③

응용해서 써본 후 MP3 듣고 따라 말하기　　　　　　　　　🎧 mp3 070

① 그는 모델처럼 키가 커요. [키가 큰 = cao, 모델 = người mẫu]

→

② 그의 눈은 사슴 눈처럼 커요. [그의 눈 = mắt của anh ấy, 큰 = to, 사슴 = con nai]

→

---

① Anh ấy cao giống như người mẫu.

② Mắt của anh ấy to giống như mắt con nai.

Điện thoại này giống như cái mới.

이 휴대폰은 새것 같아요.

① 'giống như'는 '~ 같다'라는 뜻으로도 쓸 수 있습니다.

giống như+A(비교 대상) = A 같다

주어+giống như+A(비교 대상). = 주어는 A 같아요.

② điện thoại(전화기)+này(이) → điện thoại này = 이 전화기(휴대폰)

cái(것)+mới(새로운) → cái mới = 새것

Điện thoại này giống như cái mới. = 이 휴대폰은 새것 같아요.

MP3 듣고 따라 말하며 세 번씩 써보기 ⌂ mp3 071

①

②

③

응용해서 써본 후 MP3 듣고 따라 말하기 ⌂ mp3 072

① 이 가방은 명품 같아요. [이 가방 = túi xách này, 명품 = hàng hiệu]

→

② 너는 배우 같아. [배우 = diễn viên]

→

① Túi xách này giống như hàng hiệu.

② Em giống như diễn viên.

Nội dung của quyển sách này rất hay, khác với quyển sách kia.

이 책의 내용은 저 책과 다르게 아주 좋아요.

① khác(다른)+với(~와) = ~와 다르게

주어+형용사·동사, khác với A(비교 대상). =주어는 A와 다르게 ~해요.

② nội dung(내용)+của(~의)+quyển sách(책)+này(이) = 이 책의 내용

quyển sách(책)+kia(저) = 저 책 / rất = 아주, 굉장히 / hay = 좋은

Nội dung của quyển sách này rất hay, khác với quyển sách kia.

= 이 책의 내용은 저 책과 다르게 아주 좋아요.

MP3 듣고 따라 말하며 세 번씩 써보기	🎧 mp3 073

①

②

③

응용해서 써본 후 MP3 듣고 따라 말하기	🎧 mp3 074

① 이것은 저것과 다르게 굉장히 튼튼해요. [튼튼한 = bền]

→

② 이것은 저것과 다르게 굉장히 귀여워요. [귀여운 = dễ thương]

→

---

① Cái này rất bền, khác với cái kia.

② Cái này rất dễ thương, khác với cái kia.

Cô ấy đẹp nhất.

그녀가 가장 예뻐요.

① nhất = 최초의; 제일의; 가장

형용사·동사+nhất = 가장 ~하다

주어+형용사·동사+nhất. = 주어는 가장 ~해요.

→ 여기서 nhất은 '형용사·동사' 뒤에 붙어 '가장 ~하다'고 강조하는 부사입니다.

② cô ấy = 그녀 / đẹp = 예쁜

Cô ấy đẹp nhất. = 그녀가 가장 예뻐요.

MP3 듣고 따라 말하며 세 번씩 써보기　　　　　　　　　　　🎧 mp3 075

①

②

③

응용해서 써본 후 MP3 듣고 따라 말하기　　　　　　　　　　　🎧 mp3 076

① 이 음식이 가장 맛있어요. [이 음식 = món ăn này, 맛있는 = ngon]

　　→

② 이 학생이 가장 잘해요. [이 학생 = sinh viên này, 잘하는 = giỏi]

　　→

---

① Món ăn này ngon nhất.

② Sinh viên này giỏi nhất.

Mai học tiếng Việt chăm chỉ nhất trong lớp này.

마이가 이 반에서 베트남어 공부를 가장 열심히 해요.

① trong = ~(안)에(서)

형용사·동사+nhất+trong A(비교 그룹) = A에서 **가장 ~하다**

② học tiếng Việt(베트남어 공부하는 것)+chăm chỉ(열심히 하는)

→ 베트남어 공부를 열심히 하다 / lớp này = 이 반(학급)

Mai học tiếng Việt <u>chăm chỉ nhất</u> trong lớp này.

= 마이가 이 반에서 베트남어 공부를 <u>가장 열심히 해요</u>.

MP3 듣고 따라 말하며 세 번씩 써보기　　　　　　　　　🎧 mp3 077

①

②

③

응용해서 써본 후 MP3 듣고 따라 말하기　　　　　　　　🎧 mp3 078

① 마이가 이 사무실에서 제일 열심히 해요. [이 사무실 = văn phòng <u>này</u>]

→

② 베트남어가 외국어들 중 가장 좋아요(재밌어요). [외국어들 = <u>những</u> ngoại ngữ]

→

---

① Mai làm việc chăm chỉ nhất trong văn phòng này.

② Tiếng Việt hay nhất trong những ngoại ngữ.

01. 앞서 배운 내용 중 주요 문법 및 표현을 정리해 봅시다.

☐ '동급 비교' 표현 총정리

표현	예문
형용사·동사+bằng+A **A만큼 ~하다**	Anh ấy đẹp trai bằng anh. 그는 당신만큼 잘생겼어요.
형용사·동사+giống như+A **A처럼 ~하다**	Anh ấy hát hay giống như ca sĩ. 그는 가수처럼 노래를 잘 불러요.
giống như+A **A 같다**	Điện thoại này giống như cái mới. 이 휴대폰은 새것 같아요.
khác+với+A **A와 다르게**	Nội dung của quyển sách này rất hay, khác với quyển sách kia. 이 책의 내용은 저 책과 다르게 아주 좋아요.

☐ '최상급' 표현 총정리

표현	예문
형용사·동사+nhất **가장 ~하다**	Cô ấy đẹp nhất. 그녀가 가장 예뻐요.
형용사·동사+nhất+trong A **A에서 가장 ~하다**	Mai học tiếng Việt chăm chỉ nhất trong lớp này. 마이가 이 반에서 베트남어 공부를 가장 열심히 해요.

02. 아래의 한국어 문장들을 베트남어로 직접 작문해 보도록 하세요.　　　(정답 p.088)

① 그는 당신만큼 잘생겼어요.

　→

② 이 차는 저 차만큼 비싸요.

　→

③ 그는 가수처럼 노래를 잘 불러요.

　→

④ 그의 눈은 사슴 눈처럼 커요.

　→

⑤ 이 휴대폰은 새것 같아요.

　→

⑥ 이 책의 내용은 저 책과 다르게 아주 좋아요.

　→

⑦ 이것은 저것과 다르게 굉장히 튼튼해요.

　→

⑧ 그녀가 가장 예뻐요.

　→

⑨ 마이가 이 반에서 베트남어 공부를 가장 열심히 해요.

　→

⑩ 베트남어가 외국어들 중 가장 재밌어요.

　→

① Anh ấy đẹp trai bằng anh.

② Xe ô tô này đắt bằng xe ô tô kia.

③ Anh ấy hát hay giống như ca sĩ.

④ Mắt của anh ấy to giống như mắt con nai.

⑤ Điện thoại này giống như cái mới.

⑥ Nội dung của quyển sách này rất hay, khác với quyển sách kia.

⑦ Cái này rất bền, khác với cái kia.

⑧ Cô ấy đẹp nhất.

⑨ Mai học tiếng Việt chăm chỉ nhất trong lớp này.

⑩ Tiếng Việt hay nhất trong những ngoại ngữ.

MEMO 틀린 문장이 있을 경우 아래에 몇 번씩 반복해서 써보세요.

CHAPTER 06

나의 추측·생각·의견 말하기

Chắc là anh ấy yêu chị ấy.

그는 그녀를 사랑하는 것 같아요.

① Chắc là+문장. = (확신성 높음) ~인 것 같아요.

→ chắc là는 주로 '신빙성이 높은 근거를 토대로 추측'해서 말할 때 사용되며, 상황에 따라선 là를 생략하고 chắc만 사용하기도 합니다.

② yêu = 사랑하다

Anh ấy yêu chị ấy. = 그는 그녀를 사랑해요.

Chắc là anh ấy yêu chị ấy. = 그는 그녀를 사랑하는 것 같아요.

MP3 듣고 따라 말하며 세 번씩 써보기 🎧 mp3 079

①

②

③

응용해서 써본 후 MP3 듣고 따라 말하기 🎧 mp3 080

① 그는 감기에 걸린 것 같아요. [감기에 걸리다 = bị cảm]

→

② 오늘은 비가 올 것 같아요. [오늘 = hôm nay, 비가 올 것이다 = trời sẽ mưa]

→

---

① Chắc là anh ấy bị cảm.

② Chắc là hôm nay trời sẽ mưa.

Có lẽ anh ấy sai.

그가 틀린 것 같아요.

① Có lẽ+문장. = (확신성 다소 낮음) ~인 것 같아요.

→ có lẽ 역시 문장 앞에 놓아 '~인 것 같다'라는 뜻으로 사용 가능한데, 단 'chắc là보다 확신이 떨어지는 추측'을 할 때 사용합니다.

② sai = 틀리다

Anh ấy sai. = 그가 틀렸어요.

Có lẽ anh ấy sai. = 그가 틀린 것 같아요.

MP3 듣고 따라 말하며 세 번씩 써보기 🎧 mp3 081

①

②

③

응용해서 써본 후 MP3 듣고 따라 말하기 🎧 mp3 082

① 그가 맞는 것 같아요. [맞다 = đúng]

→

② 그는 집에 없는 것 같아요. [없다 = không có, 집에 = ở nhà]

→

① Có lẽ anh ấy đúng.

② Có lẽ anh ấy không có ở nhà.

Hình như chị ấy mới đi ra ngoài.

그녀는 방금 나간 것 같아요.

① Hình như+문장. = (확신성 많이 낮음) ~인 것 같아요.

→ hình như는 주로 '가능성이 희박한 추측'을 할 때 사용합니다.

② đi ra(나가다)+ngoài(밖) → đi ra ngoài = (밖으로) 나가다, 외출하다

mới+동사 = 방금(막) ~했다

Chị ấy mới đi ra ngoài. = 그녀는 방금 나갔어요.

Hình như chị ấy mới đi ra ngoài. = 그녀는 방금 나간 것 같아요.

MP3 듣고 따라 말하며 세 번씩 써보기　　　　　　　　　🎧 mp3 083

① _____

② _____

③ _____

응용해서 써본 후 MP3 듣고 따라 말하기　　　　　　　　🎧 mp3 084

① 그녀는 헤어진 것 같아요. [헤어지다 = chia tay]

　　→ _____

② 걔는 돈이 없는 것 같아요. [돈 = tiền]

　　→ _____

---

① Hình như chị ấy chia tay.

② Hình như em ấy không có tiền.

Dường như **nó không hiểu** thì phải.

그는 이해하지 못한 것 같아요.

① Dường như+문장+thì phải. = ~인 것 같아요.

→ dường như는 'hình như 와 뜻이 동일'하며 거의 모든 경우에서 이 둘은 서로 대체
가능합니다. (뒤에 'thì phải(아마도)'를 붙여서 말해도 의미는 동일)

② nó = 그(사람), 그것(물건) / không hiểu = 이해가 안 되다

Nó không hiểu. = 그는 이해하지 못해요.

Dường như **nó không hiểu** thì phải. = 그는 이해하지 못한 것 같아요.

MP3 듣고 따라 말하며 세 번씩 써보기   🎧 mp3 085

①

②

③

응용해서 써본 후 MP3 듣고 따라 말하기   🎧 mp3 086

① 그는 취한 것 같아요. [취하다 = say]

→

② 걔는 잘 모르는 것 같아요. [모르다 = không biết]

→

---

① Dường như anh ấy say thì phải.

② Dường như em ấy không biết thì phải.

Tôi thấy chị ấy rất giận.

제 느낌에 그녀는 굉장히 화났어요.

① thấy = 느끼다; 보다; 알아차리다

Tôi thấy+문장. = 제가 느끼기에(→ 제 느낌에/보기에)) ~이에요.

→ thấy는 주로 '감정·느낌에 따른 의견'을 표현할 때 자주 사용됩니다.

② giận = 화난; 화내다

Chị ấy rất giận. = 그녀는 굉장히 화났어요.

Tôi thấy chị ấy rất giận. = 제 느낌에 그녀는 굉장히 화났어요.

MP3 듣고 따라 말하며 세 번씩 써보기	🎧 mp3 087

①

②

③

응용해서 써본 후 MP3 듣고 따라 말하기	🎧 mp3 088

① 제 보기에 베트남어 공부는 다소 어려워요. [다소 어려운 = hơi khó]

→

② 제 보기에 그는 매우 잘생겼어요. [매우 잘생긴 = rất đẹp trai]

→

① Tôi thấy học tiếng Việt hơi khó.

② Tôi thấy anh ấy rất đẹp trai.

Theo tôi **việc này là không quan trọng.**

제 생각에 **이 일은 중요치 않아요.**

① theo = 따르다

Theo tôi+문장. = 제게 따르면(→ 제 생각에) ~이에요.

→ theo는 주로 '객관적인 의견'을 표현할 때 자주 사용됩니다.

② việc này = 이 일 / quan trọng = 중요한

Việc này là không quan trọng. = 이 일은 중요치 않아요.

Theo tôi **việc này là không quan trọng.** = 제 생각에 **이 일은 중요치 않아요.**

MP3 듣고 따라 말하며 세 번씩 써보기　　　　　　　　　🎧 mp3 089

①

②

③

응용해서 써본 후 MP3 듣고 따라 말하기　　　　　　　🎧 mp3 090

① 제 생각에 베트남은 엄청나게 발전 중이에요. [발전하다 = phát triển]

→

② 제 생각에 이 회사는 매우 좋아요. [매우 좋은 = rất tốt]

→

---

① Theo tôi Việt Nam đang rất phát triển.

② Theo tôi công ty này rất tốt.

Tôi nghĩ là **anh ấy nói đúng.**

제 생각에 그의 말이 맞아요.

① nghĩ = 생각하다

Tôi nghĩ là+문장. = 저는 ~라고 생각해요. (= 제 생각에 ~이에요.)

→ 위에서 동사 뒤에 나온 'là'는 '~라고'와 같은 의미로 해석됩니다.

② nói(말하다)+đúng(정확한) = 정확하게 말하다, 맞는 말이다

<u>Anh ấy nói đúng.</u> = 그의 말이 맞아요.

Tôi nghĩ là <u>anh ấy nói đúng.</u> = 제 생각에 <u>그의 말이 맞아요.</u>

MP3 듣고 따라 말하며 세 번씩 써보기 ◯ mp3 091

①

②

③

응용해서 써본 후 MP3 듣고 따라 말하기 ◯ mp3 092

① 제 생각에 그의 말이 틀렸어요. [틀리게 말하다, 틀린 말이다 = nói sai]

→

② 제 생각에 그는 나를 알아요. [알다 = biết]

→

---

① Tôi nghĩ là anh ấy nói sai.

② Tôi nghĩ là anh ấy biết tôi.

Tôi biết là **anh ấy muốn về nước.**

제가 알기로는 **그는 귀국하고 싶어 해요.**

① biết = 알다

Tôi biết là+문장. = 저는 ~라고 알고 있어요. (= 제가 알기로는 ~이에요.)

→ 위에서 동사 뒤에 나온 'là'는 '~라고'와 같은 의미로 해석됩니다.

② muốn+동사 = ~하고 싶어 하다 / về nước = 귀국하다

Anh ấy muốn về nước. = 그는 귀국하고 싶어 해요.

Tôi biết là **anh ấy muốn về nước.** = 제가 알기로는 **그는 귀국하고 싶어 해요.**

MP3 듣고 따라 말하며 세 번씩 써보기   🎧 mp3 093

①

②

③

응용해서 써본 후 MP3 듣고 따라 말하기   🎧 mp3 094

① 제가 알기로는 그는 집에 가고 싶어 해요. [집에 가다 = đi về nhà]

→

② 제가 알기로는 그가 여기 사장님이에요. [여기 = ở đây]

→

---

① Tôi biết là anh ấy muốn đi về nhà.

② Tôi biết là anh ấy là giám đốc ở đây.

Tôi tưởng anh ấy là giám đốc.

저는 그가 사장님인 줄 알았어요.

① tưởng = 생각하다, 간주하다, 추측하다

Tôi tưởng+문장. = 저는 ~라고 생각해요.

→ 위의 말은 '저는 ~인 줄 알았어요'라는 뉘앙스로도 사용 가능합니다.

② giám đốc = 사장

Anh ấy là giám đốc. = 그가 사장님이에요.

Tôi tưởng anh ấy là giám đốc. = 저는 그가 사장님인 줄 알았어요.

MP3 듣고 따라 말하며 세 번씩 써보기　　　　　　　　　　🎧 mp3 095

① _____

② _____

③ _____

응용해서 써본 후 MP3 듣고 따라 말하기　　　　　　　　　　🎧 mp3 096

① 저는 그녀가 당신의 여자 친구인 줄 알았어요. [여자 친구 = bạn gái]

→ _____

② 저는 이 일이 중요하지 않다고 생각했어요. [중요한 = quan trọng]

→ _____

---

① Tôi tưởng chị ấy là bạn gái của anh.

② Tôi tưởng việc này không quan trọng.

Ý tôi là **không phải như vậy.**

제 의견은 **그게 아니**에요.

① ý+인칭대명사 = ~의 생각 → ý tôi = 나의(제) 생각

　Ý tôi là+명사. = 제 생각은 ~이에요.

② như vậy = 그처럼 → '그와 같은 것'이란 명사적 의미로 해석·사용 가능

　không phải+A(명사) = A가 아닌 것 (여기서 'không phải'는 명사를 부정)

　Ý tôi là không phải như vậy. = 제 생각은 그와 같은 것이 아닌 것이에요.

　→ 위의 말은 결국 '제 생각(의견)은 그게 아니에요'라고 해석 가능합니다.

MP3 듣고 따라 말하며 세 번씩 써보기　　　　　　　　🎧 mp3 097

① _____

② _____

③ _____

응용해서 써본 후 MP3 듣고 따라 말하기　　　　　　　🎧 mp3 098

① 그의 의견은 그게 아니에요. [그처럼; 그와 같은 것 = như thế]

　→ _____

② 제 생각은 중요하지 않아요. [~하지 않은 상태이다 = là+không+형용사]

　→ _____

> ① Ý anh ấy là không phải như thế.
>
> ② Ý tôi là không quan trọng.

Tôi định chia tay với người yêu.

저는 애인과 헤어지기로 결정했어요.

① định = 결정하다 (더 정확하게는 'quyết định(決定)'이라고 표현)

định+동사 = ~하기로 결정하다

Tôi định+동사. = 저는 ~하기로 결정했어요.

② chia tay = 헤어지다 / với người yêu = 애인과

Tôi định chia tay với người yêu.

= 저는 애인과 헤어지기로 결정했어요.

MP3 듣고 따라 말하며 세 번씩 써보기   🎧 mp3 099

①

②

③

응용해서 써본 후 MP3 듣고 따라 말하기   🎧 mp3 100

① 저는 귀국하기로 결정했어요. [귀국하다 = đi về nước]

→

② 저는 미국에 유학 가기로 결정했어요. [유학을 가다 = đi du học, 미국에 = ở Mỹ]

→

---

① Tôi định đi về nước.

② Tôi định đi du học ở Mỹ.

01. 앞서 배운 내용 중 주요 문법 및 표현을 정리해 봅시다.

☐ '추측·생각·의견'을 나타내는 표현 총정리

표현	예문
Chắc là+문장. (확신성 높음) ~인 것 같다.	Chắc là anh ấy yêu chị ấy. 그는 그녀를 사랑하는 것 같아요.
Có lẽ+문장. (확신성 다소 낮음) ~인 것 같다.	Có lẽ anh ấy sai. 그가 틀린 것 같아요.
Hình như+문장. Dường như+문장+thì phải. (확신성 많이 낮음) ~인 것 같다.	Hình như chị ấy mới đi ra ngoài. 그녀는 방금 나간 것 같아요. Dường như nó không hiểu thì phải. 그는 이해하지 못한 것 같아요.
Tôi thấy+문장. 내 느낌에/보기에 ~이다.	Tôi thấy chị ấy rất giận. 제 느낌에 그녀는 굉장히 화났어요.
Theo tôi(Tôi nghĩ là)+문장. 내 생각에 ~이다.	Theo tôi việc này là không quan trọng. 제 생각에 이 일은 중요치 않아요.
Tôi biết là+문장. 내가 알기로는 ~이다.	Tôi biết là anh ấy muốn về nước. 제가 알기로는 그는 귀국하고 싶어 해요.
Tôi tưởng+문장. 나는 ~라고 생각한다.	Tôi tưởng anh ấy là giám đốc. 저는 그가 사장님이라고 생각했어요.
Ý tôi là+명사. 내 생각은 ~이다.	Ý tôi là không phải như vậy. 제 의견은 그게 아니에요.
Tôi định+동사. 나는 ~하기로 결정했다.	Tôi định chia tay với người yêu. 저는 애인과 헤어지기로 결정했어요.

02. 아래의 한국어 문장들을 베트남어로 직접 작문해 보도록 하세요.　(정답 p.103)

① 그는 그녀를 사랑하는 것 같아요.

→

② 그가 틀린 것 같아요.

→

③ 그녀는 방금 나간 것 같아요.

→

④ 그는 이해하지 못한 것 같아요.

→

⑤ 제 느낌에 그녀는 굉장히 화났어요.

→

⑥ 제 생각에 이 일은 중요치 않아요.

→

⑦ 제가 알기로는 그는 귀국하고 싶어 해요.

→

⑧ 저는 그가 사장님인 줄 알았어요.

→

⑨ 제 의견은 그게 아니에요.

→

⑩ 저는 애인과 헤어지기로 결정했어요.

→

① Chắc là anh ấy yêu chị ấy.

② Có lẽ anh ấy sai.

③ Hình như chị ấy mới đi ra ngoài.

④ Dường như nó không hiểu thì phải.

⑤ Tôi thấy chị ấy rất giận.

⑥ Theo tôi việc này là không quan trọng.

⑦ Tôi biết là anh ấy muốn về nước.

⑧ Tôi tưởng anh ấy là giám đốc.

⑨ Ý tôi là không phải như vậy.

⑩ Tôi định chia tay với người yêu.

MEMO 틀린 문장이 있을 경우 아래에 몇 번씩 반복해서 써보세요.

CHAPTER 07

상대방의 상태·신상에 대해 묻기

Anh có thời gian không?

시간 있으세요?

① 'không'은 아래와 같이 문장 끝에 붙어 의문문을 만드는 역할을 할 수 있습니다.

[의문문] 문장+không? = ~인가요?

② 주어+có+명사. = 주어는 ~이·가 있다.

주어+có+명사+không? = 주어는 ~이·가 있나요?

thời gian = 시간 → Anh có thời gian không?

= (당신) 시간 있으세요?

MP3 듣고 따라 말하며 세 번씩 써보기	🎧 mp3 101
①	
②	
③	

응용해서 써본 후 MP3 듣고 따라 말하기	🎧 mp3 102

① 당신은 돈이 있나요? [돈 = tiền]

→

② 당신은 운전면허증이 있나요? [운전면허증 = bằng lái xe]

→

① Anh có tiền không?

② Anh có bằng lái xe không?

Anh có người yêu chưa?

애인 있어요?

① 평서문 끝에 'chưa'를 붙여도 의문문이 됩니다. (p.058 참고)

주어+có+명사+chưa? = 주어는 ~이·가 있나요?

→ 앞서 배운 'có+명사+không'와 동일한 의미로 해석되는 위 표현은 주로 애인이나 아내·남편, 자녀의 유무를 물을 때 사용합니다.

② người yêu = 애인

Anh có <u>người yêu</u> chưa? = (당신) 애인 있어요?

MP3 듣고 따라 말하며 세 번씩 써보기　　　　　　　　　　　　　🎧 mp3 103

①

②

③

응용해서 써본 후 MP3 듣고 따라 말하기　　　　　　　　　　　　🎧 mp3 104

① 당신은 아내가 있나요? (= 결혼했나요?) [아내 = vợ]

　→

② 당신은 자녀가 있나요? [자녀 = con]

　→

| ① Anh có vợ chưa? |
| ② Anh có con chưa? |

Anh có khỏe không?

잘 지내세요?

① 'có ~ không'으로 상태가 어떤지를 묻는 질문 또한 던질 수 있습니다.

　　주어+(có)+**형용사**+không? = 주어는 (상태가) ~한가요?

　　→ '형용사'로 상태를 묻는 질문을 할 땐 'có'를 생략해서 말할 수 있습니다.

② khỏe = 건강한

　　Anh (có) **khỏe** không? = 당신은 **건강**한가요?

　　→ 위의 말은 결국 '(당신은) 잘 지내세요?'라고 묻는 질문입니다.

MP3 듣고 따라 말하며 세 번씩 써보기　　　　　　　　　🎧 mp3 105

①

②

③

응용해서 써본 후 MP3 듣고 따라 말하기　　　　　　　　🎧 mp3 106

① 당신은 피곤한가요? [피곤한 = mệt]

　→

② 당신은 즐거운가요? [즐거운 = vui]

　→

---

① Anh (có) mệt không?

② Anh (có) vui không?

Anh là người Hàn Quốc phải không?

당신은 한국 사람이 맞나요?

① 주어+là+명사. = 주어는 ~이다.

주어+là+명사+phải không? = 주어는 ~이 맞나요?

→ là 뒤엔 항상 '명사'가 와야 하며, là가 있는 문장을 의문문으로 만들 땐 'không'이 아니라 'phải không'을 붙여 말해야 합니다.

② người Hàn Quốc = 한국 사람

Anh là người Hàn Quốc phải không? = 당신은 한국 사람이 맞나요?

MP3 듣고 따라 말하며 세 번씩 써보기   🎧 mp3 107

①

②

③

응용해서 써본 후 MP3 듣고 따라 말하기   🎧 mp3 108

① 당신은 대학생이 맞나요? [대학생 = sinh viên]

→

② 당신은 사업가가 맞나요? [사업가 = nhà kinh doanh]

→

① Anh là sinh viên phải không?

② Anh là nhà kinh doanh phải không?

Anh có thể nói tiếng Việt được không?

베트남어 할 줄 아시나요?

① có thể+동사+được = ~할 수 있다

주어+có thể+동사+được không? = 주어는 ~할 수 있나요?

→ có thể를 생략해도 되지만 보통 có thể...được이라고 말합니다.

② nói = 말하다 / tiếng Việt = 베트남어

Anh có thể <u>nói tiếng Việt</u> được không?

= 당신은 <u>베트남어를 말</u>할 수 있나요? (= 베트남어 할 줄 아시나요?)

MP3 듣고 따라 말하며 세 번씩 써보기   🎧 mp3 109

① _____

② _____

③ _____

응용해서 써본 후 MP3 듣고 따라 말하기   🎧 mp3 110

① 당신은 축구를 할 수 있나요? [축구를 하다 = chơi bóng đá]

→ _____

② 당신은 오전에 근무할 수 있나요? [일하다 = làm việc, 오전에 = <u>vào</u> buổi sáng]

→ _____

---

① Anh có thể chơi bóng đá được không?

② Anh có thể làm việc vào buổi sáng được không?

Anh không ăn được món ăn cay đúng không?

당신은 매운 음식 못 먹죠, 그렇죠?

① 문장 끝에 'đúng không'을 붙이면 확신을 갖고 '맞지?'라고 묻는 질문이 됩니다.

→ 문장+đúng không? = ~이에요, 맞죠(그렇죠)?

② không+동사+được = ~할 수 없다

món ăn = 음식 / cay món ăn = 매운 요리(음식)

Anh không ăn được món ăn cay đúng không?

= 당신은 매운 음식 먹을 수 없어요(못 먹죠), 맞죠(그렇죠)?

MP3 듣고 따라 말하며 세 번씩 써보기   ◯ mp3 111

① _____

② _____

③ _____

응용해서 써본 후 MP3 듣고 따라 말하기   ◯ mp3 112

① (동생에게) 너 이해 못했지, 그렇지? [이해하다 = hiểu]

→ _____

② (오빠·형에게) 당신은 운전 못하죠, 그렇죠? [운전할 줄 알다 - biết lái xe]

→ _____

---

① Em không hiểu đúng không?

② Anh không biết lái xe đúng không?

01. 앞서 배운 내용 중 주요 문법 및 표현을 정리해 봅시다.

☐ '상태 · 신상에 대해 묻는 질문' 표현 총정리

'không'을 문장 끝에 붙이면 의문문을 만들 수 있습니다.

[의문문] 문장+không? = ~인가요?

표현	예문
주어+có+명사+không? **주어는 ~이 · 가 있나요?**	Anh có thời gian không? (당신) 시간 있으세요?
주어+có+명사+chưa? **주어는 ~이 · 가 있나요?** (주로 애인이나 아내 · 남편, 자녀의 유무를 물을 때 사용)	Anh có người yêu chưa? (당신) 애인 있어요? Anh có vợ/con chưa? (당신) 아내/자녀가 있나요?
주어+có+형용사+không? **주어는 (상태가) ~한가요?**	Anh có khỏe không? (당신) 잘 지내세요?
주어+là+명사+phải không? **주어는 ~이 맞나요?**	Anh là người Hàn Quốc phải không? (당신) 한국 사람이 맞나요?
주어+có thể+동사 +được không? **주어는 ~할 수 있나요?**	Anh có thể nói tiếng Việt được không? (당신) 베트남어 할 줄 아시나요?
문장+đúng không? **~이에요, 맞죠(그렇죠)?**	Anh không ăn được món ăn cay đúng không? (당신) 매운 음식 못 먹죠, 그렇죠?

02. 아래의 한국어 문장들을 베트남어로 직접 작문해 보도록 하세요. (정답 p.114)

① (당신) 시간 있으세요?

→

② (당신) 운전면허증이 있나요?

→

③ (당신) 애인 있어요?

→

④ (당신) 자녀가 있나요?

→

⑤ (당신) 잘 지내세요?

→

⑥ (당신) 피곤한가요?

→

⑦ (당신) 한국 사람이 맞나요?

→

⑧ (당신) 베트남어 할 줄 아시나요?

→

⑨ (당신) 오전에 근무할 수 있나요?

→

⑩ (당신) 매운 음식 못 먹죠, 그렇죠?

→

① Anh có thời gian không?

② Anh có bằng lái xe không?

③ Anh có người yêu chưa?

④ Anh có con chưa?

⑤ Anh có khỏe không?

⑥ Anh có mệt không?

⑦ Anh là người Hàn Quốc phải không?

⑧ Anh có thể nói tiếng Việt được không?

⑨ Anh có thể làm việc vào buổi sáng được không?

⑩ Anh không ăn được món ăn cay đúng không?

MEMO 틀린 문장이 있을 경우 아래에 몇 번씩 반복해서 써보세요.

CHAPTER 08

부탁 및 돕기 &
허락 구하기

Cho tôi thực đơn.

저에게 메뉴를 주세요.

① cho = 주다, (~하게) 해 주다 (*'~에게'라는 전치사적 의미도 있음)

cho를 '주다'라는 뜻으로 쓸 경우 아래와 같이 사용 가능합니다.

→ Cho+A(명사)+B(명사). = A에게 B를 주다.

Cho tôi+B(명사). = 저에게 B를 주세요.

② thực đơn = 메뉴

Cho tôi thực đơn. = 저에게 메뉴를 주세요.

MP3 듣고 따라 말하며 세 번씩 써보기   🎧 mp3 113

①

②

③

응용해서 써본 후 MP3 듣고 따라 말하기   🎧 mp3 114

① 저에게 돈을 주세요. [돈 = tiền]

→

② 저에게 시간을 주세요. [시간 = thời gian]

→

① Cho tôi tiền.

② Cho tôi thời gian.

Cho tôi thêm một bát cơm nữa.

밥 한 그릇 더 주세요.

① thêm = 더하다, 보태다, 합치다

nữa = 더, 더 많은, 여분의

Cho+A(명사)+thêm+B(명사)+nữa. = A에게 B를 더 주다.

→ thêm과 nữa 중 하나를 생략하고 말해도 무방합니다.

② một(하나)+bát cơm(밥그릇) = 밥 한 그릇 (*그릇 = bát(북부)/chén(남부))

Cho tôi thêm <u>một bát/chén cơm</u> nữa. = (저에게) <u>밥 한 그릇</u> 더 주세요.

MP3 듣고 따라 말하며 세 번씩 써보기   ○ mp3 115

① _____

② _____

③ _____

응용해서 써본 후 MP3 듣고 따라 말하기   ○ mp3 116

① 물 한 잔 더 주세요. [물 한 잔 = một cốc/ly nước]

→ _____

② 맥주 한 병 더 주세요. [맥주 한 병 = một chai bia]

→ _____

> ① Cho tôi thêm một cốc/ly nước nữa.
>
> ② Cho tôi thêm một chai bia nữa.

Cho tôi xem thực đơn.

제게 메뉴 좀 보여 주세요.

① cho를 '(~하게) 해 주다'라는 뜻으로 쓸 경우 아래와 같이 사용 가능합니다.

→ Cho+A(명사)+동사. = A가 ~하게 해 주다.

② xem = 보다 / thực đơn = 메뉴

Cho tôi xem 명사. = 제가 ~을 보게 해 주세요.

→ 위의 말은 결국 '제게 ~ 좀 보여 주세요'라는 의미로 해석 가능합니다.

Cho tôi xem thực đơn.= 제게 메뉴 좀 보여 주세요.

MP3 듣고 따라 말하며 세 번씩 써보기 ∩ mp3 117

①

②

③

응용해서 써본 후 MP3 듣고 따라 말하기 ∩ mp3 118

① 제게 알려 주세요. [알다 = biết]

→

② 제게 노래 한 곡 들려 주세요. [듣다 = nghe, 노래 = bài hát]

→

① Cho tôi biết.

② Cho tôi nghe 1(một) bài hát.

Cho tôi mượn 10 đô la.

저에게 10달러를 빌려주세요.

① mượn = 빌리다

Cho A(명사) mượn B(명사). = A가 B를 빌리게 해 주다.

Cho tôi mượn B(명사). = 내가 B를 빌리게 해 주다.

→ 위의 말은 결국 '저에게 B를 빌려주세요'라고 부탁하는 표현입니다.

② 10 đô la = 10달러

Cho tôi mượn 10 đô la. = 저에게 10달러를 빌려주세요.

MP3 듣고 따라 말하며 세 번씩 써보기   🎧 mp3 119

①

②

③

응용해서 써본 후 MP3 듣고 따라 말하기   🎧 mp3 120

① 저에게 화장품을 빌려주세요. [화장품 = mỹ phẩm]

→

② 저에게 책을 빌려주세요. [책 = quyển sách]

→

---

① Cho tôi mượn mỹ phẩm.

② Cho tôi mượn quyển sách.

Tôi sẽ giải thích cho.

제가 설명해 줄게요.

① 동사+cho = ~해 주다 → sẽ+동사+cho = ~해 줄 것이다 (= ~해 주겠다)

giải thích = 설명하다

Tôi sẽ giải thích cho.= 제가 설명해 줄게요.

② 상점에서 상인과 손님이 가격을 흥정할 때 가격이 합의돼 물건을 팔게 되면 상인이 아래와 같이

말하니 참고해 두세요.

Tôi sẽ bán cho. = [직역] 제가 팔아 줄게요. → [의역] 그 가격에 팔게요.

MP3 듣고 따라 말하며 세 번씩 써보기	∩ mp3 121
①	
②	
③	

응용해서 써본 후 MP3 듣고 따라 말하기	∩ mp3 122

① 제가 해 줄게요. [하다 = làm]

→

② 제가 사 줄게요. [사다 = mua]

→

① Tôi sẽ làm cho.
② Tôi sẽ mua cho.

Tôi có thể hút thuốc ở đây được không ạ?

여기에서 담배를 피워도 될까요?

① có thể+동사+được = ~할 수 있다

hút = 피우다 / thuốc = 담배 / ở đây = 여기에서

có thể hút thuốc ở đây được = 여기에서 담배를 피울 수 있다

② 'ạ'를 문장 끝에 붙여서 말하면 '경의, 예의'를 표하는 문장이 됩니다.

Tôi có thể hút thuốc ở đây được không ạ?

= (제가) 여기에서 담배를 피울 수 있을까요(피워도 될까요)?

MP3 듣고 따라 말하며 세 번씩 써보기   🎧 mp3 123

①

②

③

응용해서 써본 후 MP3 듣고 따라 말하기   🎧 mp3 124

① (제가) 여기 앉아도 될까요? [앉다 = ngồi]

→

② (저는) 조금만 자도 될까요? [자다 = ngủ, 조금 = một chút]

→

---

① Tôi có thể ngồi đây được không ạ?

② Tôi có thể ngủ một chút được không ạ?

---

01. 앞서 배운 내용 중 주요 문법 및 표현을 정리해 봅시다.

☐ '부탁 및 동기 & 허락 구하기'에 관한 표현 총정리

표현	예문
cho+A(명사)+B(명사) **A에게 B를 주다**	Cho tôi thực đơn. 저에게 메뉴를 주세요. Cho tôi thêm một bát/chén cơm nữa. 밥 한 그릇 더 주세요.
cho+A(명사)+동사 **A가 ~하게 해 주다**	Cho tôi xem thực đơn. 제게 메뉴 좀 보여 주세요. Cho tôi nghe 1(một) bài hát. 제게 노래 한 곡 들려 주세요.
cho A(명사) mượn B(명사) **A가 B를 빌리게 해 주다**	Cho tôi mượn 10(mười) đô la. 저에게 10달러를 빌려주세요.
sẽ+동사+cho **~해 주겠다**	Tôi sẽ giải thích cho. 제가 설명해 줄게요. Tôi sẽ mua cho. 제가 사 줄게요.
có thể+동사+được **~할 수 있다**	Tôi có thể hút thuốc ở đây được không ạ? 여기에서 담배를 피워도 될까요? Tôi có thể ngồi đây được không ạ? 여기 앉아도 될까요?

02. 아래의 한국어 문장들을 베트남어로 직접 작문해 보도록 하세요. (정답 p.124)

① 저에게 메뉴를 주세요.

　　→

② 저에게 시간을 주세요.

　　→

③ 밥 한 그릇 더 주세요.

　　→

④ 제게 메뉴 좀 보여 주세요.

　　→

⑤ 제게 노래 한 곡 들려 주세요.

　　→

⑥ 저에게 10달러를 빌려주세요.

　　→

⑦ 제가 설명해 줄게요.

　　→

⑧ 제가 사 줄게요.

　　→

⑨ 여기에서 담배를 피워도 될까요?

　　→

⑩ 여기 앉아도 될까요?

　　→

① Cho tôi thực đơn.

② Cho tôi thời gian.

③ Cho tôi thêm một bát/chén cơm nữa.

④ Cho tôi xem thực đơn.

⑤ Cho tôi nghe 1(một) bài hát.

⑥ Cho tôi mượn 10(mười) đô la.

⑦ Tôi sẽ giải thích cho.

⑧ Tôi sẽ mua cho.

⑨ Tôi có thể hút thuốc ở đây được không ạ?

⑩ Tôi có thể ngồi đây được không ạ?

MEMO 틀린 문장이 있을 경우 아래에 몇 번씩 반복해서 써보세요.

CHAPTER 09

권유 및 제안 &
상대의 의중 묻기

Anh ăn thử không?

한번 먹어 볼래요?

① thử = 실험하다, 시도하다

동사+thử = ~하길 시도하다, ~하는 걸 해 보다

주어+동사+thử không? = 주어는 ~하는 걸 해 볼래요?

② ăn = 먹다

Anh ăn thử không? = 당신 먹는 걸 해 볼래요?

→ 위의 말은 결국 '한번 먹어 볼래요?'라고 제안하는 질문입니다.

MP3 듣고 따라 말하며 세 번씩 써보기　　　　　　　　　　🎧 mp3 125

①

②

③

응용해서 써본 후 MP3 듣고 따라 말하기　　　　　　　　　　🎧 mp3 126

① (당신) 한번 마셔 볼래요? [마시다 = uống]

→

② (당신) 한번 입어 볼래요? [입다 = mặc]

→

---

① Anh uống thử không?

② Anh mặc thử không?

Chúng ta đi đảo Jeju thì thế nào nhỉ?

우리 제주도 가는 거 어때요?

① thế nào = 어떻게; 어떻습니까

문장+thì thế nào nhỉ? = ~ 어때요?

→ thì는 은/는/이/가 와 같은 조사의 역할을 하며, nhỉ는 문미에 붙어 말한 내용을 좀 더 강조하고 상대방의 공감과 동의를 유도합니다.

② chúng ta = 우리 / đảo(섬)+Jeju(제주) → đảo Jeju = 제주도

Chúng ta đi đảo Jeju thì thế nào nhỉ? = 우리 제주도 가는 거 어때요?

MP3 듣고 따라 말하며 세 번씩 써보기 🎧 mp3 127

①

②

③

응용해서 써본 후 MP3 듣고 따라 말하기 🎧 mp3 128

① 우리 한잔하러 가는 거 어때요? [한잔하러 가다 = đi nhậu]

→

② 우리 공원에서 만나는 거 어때요? [공원 = công viên]

→

---

① Chúng ta đi nhậu thì thế nào nhỉ?

② Chúng ta gặp ở công viên thì thế nào nhỉ?

Chúng ta đi nhậu nhé.

우리 한잔하러 가자.

① 문장+nhé. = ~ 하자.

　→ 문장 끝에 nhé를 붙여 말하면 부드러운 어조로 친근감을 드러내며 '~하자, ~합시다'라고
　　제안하거나 권유하는 표현이 됩니다.

② chúng ta = 우리

　đi nhậu = 술 마시러 가다, 한잔하러 가다

　Chúng ta đi nhậu nhé. = 우리 한잔하러 가자.

MP3 듣고 따라 말하며 세 번씩 써보기	∩ mp3 129
①	
②	
③	

응용해서 써본 후 MP3 듣고 따라 말하기	∩ mp3 130

① 우리 커피 마시러 가자.

　→

② 우리 같이 가자. [함께, 같이 = cùng nhau]

　→

---

① Chúng ta đi uống cà phê nhé.

② Chúng ta đi cùng nhau nhé.

Hãy giới thiệu về bản thân.

자신에 대해 소개해 보세요.

① Hãy+동사. = ~해 보세요.

→ 'hãy+동사'는 어떤 행위를 하라고 권할 때 쓰는 표현이며, 특히 면접에서 많이 접할 수 있습니다. 참고로 'hãy+동사' 뒤에 'đi' 또는 nhé'를 붙여 말하면 좀 더 부드러운 어조가 됩니다. (nhé가 đi에 비해 어조가 더 부드러움)

② giới thiệu = 소개하다 / về = ~에 대해서 / bản thân = 본인, 자신

Hãy giới thiệu về bản thân. = 자신에 대해 소개해 보세요.

MP3 듣고 따라 말하며 세 번씩 써보기	🎧 mp3 131

①

②

③

응용해서 써본 후 MP3 듣고 따라 말하기	🎧 mp3 132

① 당신의 가족에 대해 소개해 보세요. [가족 당신의 = gia đình của em]

→

② 당신의 회사에 대해 소개해 보세요. [회사 = công ty]

→

---

① Hãy giới thiệu về gia đình của em.

② Hãy giới thiệu về công ty của em.

Mời lên xe.

차에 타세요.

① mời = 청하다, 초청하다, 접대하다

Mời+동사.= ~하세요.

→ mời를 동사 앞에 붙여 말하면 상대방에게 공손하게 '~하세요'라고 권유하는 표현이 됩니다. 참고로 mời 앞에 xin을 붙여 말하면 더욱 정중한 표현이 됩니다.

② lên(타다, 오르다)+xe(차) = 차에 타다, 승차하다

Mời lên xe. = 차에 타세요.

MP3 듣고 따라 말하며 세 번씩 써보기　　　　　　🎧 mp3 133

①

②

③

응용해서 써본 후 MP3 듣고 따라 말하기　　　　　　🎧 mp3 134

① 앉으세요. [앉다 = ngồi]

　→

② 드세요.

　→

---

① Mời ngồi.

② Mời ăn.

Chúc một ngày vui vẻ.

좋은 하루이길 바라요. (좋은 하루 되세요.)

① chúc = 바라다, 기원하다 (한자의 축(祝)에서 파생된 표현)

   Chúc+기원하는 것. = ~이길 바라요 · 기원해요.

② một ngày = 하루 / vui vẻ = 즐거운

   một ngày vui vẻ = 즐거운 하루, 좋은 하루

   Chúc một ngày vui vẻ. = 좋은 하루이길 바라요.

   → 위 표현은 결국 '좋은 하루 되세요'라는 말로 해석 가능합니다.

MP3 듣고 따라 말하며 세 번씩 써보기   🎧 mp3 135

① _____

② _____

③ _____

응용해서 써본 후 MP3 듣고 따라 말하기   🎧 mp3 136

① 즐거운 주말 보내세요. [주말 = cuối tuần]

   → _____

② 좋은 저녁 보내세요. [저녁 = buổi tối]

   → _____

---

① Chúc cuối tuần vui vẻ.
② Chúc buổi tối vui vẻ.

Anh uống cà phê đen đá

hay là uống cà phê sữa đá?

아이스 블랙커피 마실래요, 아니면 아이스 카페라떼 마실래요?

① hay là = 혹은, 또는 → là 는 생략 가능

제안1+hay là+제안2? = ~(제안1)하실래요, 아니면 ~(제안2)하실래요?

② cà phê(커피)+đen(블랙)+đá(아이스) = 아이스 블랙커피

cà phê(커피)+sữa(우유)+đá(아이스) = 아이스 카페라떼

Anh uống cà phê đen đá hay là uống cà phê sữa đá?

= (당신은) 아이스 블랙커피 마실래요, 아니면 아이스 카페라떼 마실래요?

MP3 듣고 따라 말하며 세 번씩 써보기　　　　　　　　　　　🎧 mp3 137

①

②

③

응용해서 써본 후 MP3 듣고 따라 말하기　　　　　　　　　　🎧 mp3 138

① (당신은) 우유를 마실래요, 아니면 오렌지 주스를 마실래요? [오렌지 주스 = nước cam]

　→

② (당신은) 맥주 마실래요, 아니면 소주 마실래요? [맥주 = bia, 소주 = soju]

　→

---

① Anh uống sữa hay (là) uống nước cam?

② Anh uống bia hay (là) uống soju?

---

01. 앞서 배운 내용 중 주요 문법 및 표현을 정리해 봅시다.

☐ '권유 및 제안 & 상대의 의중을 묻는' 표현 총정리

표현	예문
주어+동사+thử không? **주어는 ~하는 걸 해 볼래요?**	Anh ăn thử không? 한번 먹어 볼래요?
문장+thì thế nào nhỉ? **~ 어때요?**	Chúng ta đi đảo Jeju thì thế nào nhỉ? 우리 제주도 가는 거 어때요
문장+nhé. **~ 하자.**	Chúng ta đi nhậu nhé. 우리 한잔하러 가자.
Hãy+동사. **~해 보세요.**	Hãy giới thiệu về bản thân. 자신에 대해 소개해 보세요.
Mời+동사. **~하세요.**	Mời lên xe. 차에 타세요.
Chúc+기원하는 것. **~이길 바라요·기원해요.**	Chúc một ngày vui vẻ. 좋은 하루이길 바라요. (좋은 하루 되세요.)
제안1+hay là+제안2? **~(제안1)하실래요, 아니면 ~(제안2)하실래요?**	Anh uống cà phê đen đá hay là uống cà phê sữa đá? 아이스 블랙커피 마실래요, 아니면 아이스 카페라떼 마실래요?

02. 아래의 한국어 문장들을 베트남어로 직접 작문해 보도록 하세요. (정답 p.135)

① 한번 먹어 볼래요?

→ _____

② 우리 제주도 가는 거 어때요?

→ _____

③ 우리 공원에서 만나는 거 어때요?

→ _____

④ 우리 한잔하러 가자.

→ _____

⑤ 우리 같이 가자.

→ _____

⑥ 자신에 대해 소개해 보세요.

→ _____

⑦ 차에 타세요.

→ _____

⑧ 좋은 하루이길 바라요.

→ _____

⑨ 좋은 주말 보내세요.

→ _____

⑩ 아이스 블랙커피 마실래요, 아니면 아이스 카페라떼 마실래요?

→ _____

① Anh ăn thử không?

② Chúng ta đi đảo Jeju thì thế nào nhỉ?

③ Chúng ta gặp ở công viên thì thế nào nhỉ?

④ Chúng ta đi nhậu nhé.

⑤ Chúng ta đi cùng nhau nhé.

⑥ Hãy giới thiệu về bản thân.

⑦ Mời lên xe.

⑧ Chúc một ngày vui vẻ.

⑨ Chúc cuối tuần vui vẻ.

⑩ Anh uống cà phê đen đá hay là uống cà phê sữa đá?

MEMO 틀린 문장이 있을 경우 아래에 몇 번씩 반복해서 써보세요.

CHAPTER 10

'의문사'가 들어간
질문하기

Đây là ai?

이분은 누구인가요?

① ai = 누가; 누구(를)

→ 동사 앞에 위치할 땐 '누가'로, 동사 뒤에 위치할 땐 '누구(를)'로 해석합니다.

A(주어)+동사+ai? = A는 누구를 ~하나요? / Ai+동사? = 누가 ~하나요?

② A(주어) là ai? = A는 누구인가요?

đây = (사람을 지칭할 때) 이분, (장소를 지칭할 때) 여기

Đây là ai? = 이분은 누구인가요?

MP3 듣고 따라 말하며 세 번씩 써보기　　　　　　　　🎧 mp3 139

①

②

③

응용해서 써본 후 MP3 듣고 따라 말하기　　　　　　🎧 mp3 140

① 그분은 누구인가요? [그 = đó]

→

② 저분은 누구인가요? [저 = kia]

→

① Đó là ai?

② Kia là ai?

Khi nào anh sẽ đi công tác?

당신은 언제 출장을 가나요?

① khi nào = 언제

→ 문장 맨 앞에 오면 '미래'를(이 경우 의문문 내에서 동사 앞에 'sẽ(~할 것이다)'를 붙이지 않고 말해도 됨), 문장 맨 뒤에 오면 '과거'를 묻는 질문이 됩니다.

② Khi nào+A(주어)+(sẽ)+동사? = A는 언제 ~할 건가요?

đi(가다)+công tác(출장) → đi công tác = 출장을 가다

Khi nào anh (sẽ) đi công tác? = 당신은 언제 출장을 가나요?

MP3 듣고 따라 말하며 세 번씩 써보기　　　　　　　mp3 141

①

②

③

응용해서 써본 후 MP3 듣고 따라 말하기　　　　　　mp3 142

① 당신은 언제 결혼할 거예요? [결혼하다 = kết hôn]

→

② 당신은 언제 아르바이트를 갈 거예요? [아르바이트를 가다 = đi làm thêm]

→

---

① Khi nào anh (sẽ) kết hôn?

② Khi nào anh (sẽ) đi làm thêm?

Anh đi đâu?

어디 가세요?

① đâu = 어디(로)

→ 'đi đâu'라고 하면 '(현재) 어디 가느냐'고 묻는 질문이 되며, 이 앞에 sẽ(~할 것이다)를 붙
이면 미래 의문문, đã(~했다)를 붙이면 과거 의문문이 됩니다.

(ex) sẽ đi đâu = (미래) 어디 갈 거냐 / đã đi đâu = (과거) 어디 갔었느냐

② A(주어) đi đâu? = A는 어디 가나요?

Anh đi đâu? = (당신은) 어디 가세요?

MP3 듣고 따라 말하며 세 번씩 써보기　　　　　　　　　　🎧 mp3 143

①

②

③

응용해서 써본 후 MP3 듣고 따라 말하기　　　　　　　　　🎧 mp3 144

① 다음 주말에 당신은 어디 가실 거예요? [다음 주말 = cuối tuần sau]

→

② 지난 주말에 당신은 어디 갔었나요? [지난 주말 = cuối tuần trước]

→

---

① Cuối tuần sau, anh sẽ đi đâu?

② Cuối tuần trước, anh đã đi đâu?

Anh đang làm việc ở đâu?

당신은 어디에서 일하세요?

① ở đâu? = 어디에(서)

→ 'đâu'는 그 자체로 '어디'라는 뜻의 명사처럼 쓰지만 이 앞에 전치사 'ở(~에, ~에서)'를 붙여서 'ở đâu(어디에(서))'와 같이도 곧잘 쓴다.

② A(주어)+동사+ở đâu? = A는 어디에서 ~해요?

đang+동사 = ~하고 있다 / làm việc = 일하다

Anh đang làm việc ở đâu? = 당신은 어디에서 일하고 있어요?

MP3 듣고 따라 말하며 세 번씩 써보기 🎧 mp3 145

①

②

③

응용해서 써본 후 MP3 듣고 따라 말하기 🎧 mp3 146

① 당신은 어디에 살아요? [살다 = sống]

→

② 당신은 어디에서 베트남어를 공부해요? [베트남어를 공부하다 = học tiếng Việt]

→

---

① Anh đang sống ở đâu?

② Anh đang học tiếng Việt ở đâu?

Anh sẽ ăn gì?

당신은 무엇을 먹을 거예요?

① gì = 무엇(을)

→ 'gì'는 그 자체로 '무엇'이라는 뜻의 명사처럼 쓰지만 'việc gì(무슨(어떤) 일)'과 같이 다른 명사와 결합되어 '무슨, 어떤'이라는 의미로도 쓰입니다.

② A(주어)+동사+gì? = A는 무엇을 ~하나요?

ăn = 먹다 → sẽ ăn = 먹을 것이다

Anh sẽ ăn gì? = 당신은 무엇을 먹을 거예요?

MP3 듣고 따라 말하며 세 번씩 써보기	🎧 mp3 147
①	
②	
③	

응용해서 써본 후 MP3 듣고 따라 말하기	🎧 mp3 148

① 당신은 무엇을 마실 거예요? [마시다 = uống]

→

② 당신은 무엇을 하고 싶어요? [하고 싶다 = muốn, 하다 = làm]

→

① Anh sẽ uống gì?
② Anh muốn làm gì?

Tại sao anh học tiếng Việt?

당신은 왜 베트남어를 공부해요?

① tại sao = 왜

→ 'tại sao'는 문장 맨 앞에 오는 것이 특징이며, 동일한 뜻의 표현으로는 vì sao가 있습니다 (이 표현 역시 문장 맨 앞에 두고 씁니다).

② Tại sao+A(주어)+동사? = A는 왜 ~해요?

học = 공부하다 / tiếng Việt = 베트남어

Tại sao anh học tiếng Việt? = 당신은 왜 베트남어를 공부해요?

MP3 듣고 따라 말하며 세 번씩 써보기　　　　　　　　　　　🎧 mp3 149

①

②

③

응용해서 써본 후 MP3 듣고 따라 말하기　　　　　　　　　　🎧 mp3 150

① 당신은 왜 베트남에서 일해요?

→

② 당신은 왜 이걸 사나요? [사다 = mua, 이것 = cái này]

→

---

① Tại sao anh làm việc ở Việt Nam?

② Tại sao anh mua cái này?

Thời tiết hôm nay thế nào?

오늘 날씨는 어때요?

① thế nào = 어떻게; 어떻습니까

   대상+thế nào? = ~은 어때요?

   → thế nào를 문미에 붙여서 말하면 상태, 성질 등이 '어떠한지 묻는 질문'이 되거나 상대방

   에게 어떤 것을 제안하는 표현이 됩니다.

② thời tiết(날씨)+hôm nay(오늘) → thời tiết hôm nay = 오늘 날씨

   Thời tiết hôm nay thế nào? = 오늘 날씨는 어때요?

MP3 듣고 따라 말하며 세 번씩 써보기	🎧 mp3 151
①	
②	
③	

응용해서 써본 후 MP3 듣고 따라 말하기	🎧 mp3 152

① 오늘 기분은 어때요? [기분 = tâm trạng]

   →

② 이 음식은 어때요? [이 음식 = món ăn này]

   →

① Tâm trạng hôm nay thế nào?
② Món ăn này thế nào?

Em thấy kiểu điện thoại này như thế nào?

네가 보기에 이 휴대폰 디자인 어때?

① như thế nào = 어떻게; 어때

→ như thế nào는 상태, 성질, 감정 등이 '어떠한지' 질문할 때 쓸 수 있는 표현이며, 앞서 배운 thế nào와 거의 동일한 의미로 사용됩니다.

② thấy = 보다; 느끼다 / kiểu(디자인)+điện thoại(휴대폰) này = 이 전화기, 휴대폰

Em thấy kiểu điện thoại này như thế nào?

= 네가 보기에 이 휴대폰 디자인 어때?

MP3 듣고 따라 말하며 세 번씩 써보기	∩ mp3 153

①

②

③

응용해서 써본 후 MP3 듣고 따라 말하기	∩ mp3 154

① 네가 보기에 이 가방 디자인 어때? [가방 = túi xách]

→

② 네가 보기에 이 옷 디자인 어때? [옷, 의상 = quần áo]

→

① Em thấy kiểu túi xách này như thế nào?

② Em thấy kiểu quần áo này như thế nào?

Anh là người nước nào?

당신은 어느 나라 사람인가요?

① 명사+nào? = 어느 · 어떤 ~

　→ 앞서 배웠듯 nào는 'người nào(어떤 사람)'과 같이 여러 명사와 결합되어 '어느 ~, 어떤 ~'와 같이 사용될 수 있습니다.

② A(주어) là 명사+nào? = A는 어느 · 어떤 ~인가요?

　người(사람)+nước(나라)+nào → người nước nào = 어느 나라 사람

　Anh là người nước nào? = 당신은 어느 나라 사람인가요?

MP3 듣고 따라 말하며 세 번씩 써보기　　　　　　　　　　　🎧 mp3 155

①

②

③

응용해서 써본 후 MP3 듣고 따라 말하기　　　　　　　　　　　🎧 mp3 156

① 당신은 어느 회사 직원인가요? [직원 = nhân viên, 회사 = công ty]

　→

② 당신은 어느 학교 학생인가요? [대학생 = sinh viên, 학교 = trường]

　→

---

① Anh là nhân viên công ty nào?
② Anh là sinh viên trường nào?

Trong lớp, có mấy học sinh?

교실에 몇 명의 학생이 있나요?

① mấy = 얼마; 몇

　→ mấy는 '10 미만의 수량'에 대해 질문할 때 사용합니다.

② học sinh = 학생 → mấy học sinh = 몇 (명의) 학생

　trong(~(안)에)+lớp(교실) → trong lớp = 교실(안)에

　<u>Có</u> mấy học sinh? = 몇 명의 학생이 <u>있나요?</u>

　<u>Trong lớp,</u> có mấy học sinh? = <u>교실에</u> 몇 명의 학생이 <u>있나요?</u>

MP3 듣고 따라 말하며 세 번씩 써보기	🎧 mp3 157

①

②

③

응용해서 써본 후 MP3 듣고 따라 말하기	🎧 mp3 158

① 교실에 몇 명의 선생님이 있나요? [선생님 = giáo viên]

　→

② 이 사무실에 몇 명의 직원이 있어요? [직원 = nhân viên, 이 사무실 = văn phòng này]

　→

---

① Trong lớp, có mấy giáo viên?

② Trong văn phòng này, có mấy nhân viên?

Bây giờ là mấy giờ?

지금 몇 시예요?

① mấy는 '시간과 나이'를 물을 때에도 사용하며, 시간은 아래와 같이 묻습니다.

mấy <u>giờ</u> = 몇 <u>시</u> / bây giờ = 지금

<u>Bây giờ</u> là mấy giờ? = <u>지금</u> 몇 시예요?

② mấy로 나이를 물을 땐 상대방이 10살 미만으로 보일 때 사용합니다.

mấy <u>tuổi</u> = 몇 <u>살</u>

A(주어) mấy tuổi? = A는 몇 살이니?

MP3 듣고 따라 말하며 세 번씩 써보기   🎧 mp3 159

① _____

② _____

③ _____

응용해서 써본 후 MP3 듣고 따라 말하기   🎧 mp3 160

① 지금 몇 시나 됐어요? [(벌써) ~이 되다 = rồi]

→

② 너(10살 미만의 아이)는 몇 살이니? [(어린아이를 지칭하는) 너 = con/cháu]

→

---

① Bây giờ là mấy giờ rồi?

② Con/Cháu mấy tuổi?

Anh bao nhiêu tuổi?

당신은 몇 살인가요?

① bao nhiêu = 얼마나; 얼마에

　→ bao nhiêu 는 '10 이상의 수량'에 대해 질문할 때 사용합니다.

　(ex) bao nhiêu tuổi = 몇 살

　Anh bao nhiêu tuổi? = 당신(10세 이상의 사람)은 몇 살인가요?

② 나이 외에도 어떤 대상이 '10개 이상'일 경우 bao nhiêu로 질문할 수 있겠죠?

　Có bao nhiêu A(10개 이상인 것)? = 몇 개(명)의 A가 있나요?

MP3 듣고 따라 말하며 세 번씩 써보기　　　　　　　　　　🎧 mp3 161

① _____

② _____

③ _____

응용해서 써본 후 MP3 듣고 따라 말하기　　　　　　　　　🎧 mp3 162

① 그(10세 이상인 사람)는 몇 살인가요?

　→ _____

② 당신은 얼마의 돈이 있나요? [돈 = tiền]

　→ _____

① Anh ấy bao nhiêu tuổi?
② Anh có bao nhiêu tiền?

149

01. 앞서 배운 내용 중 주요 문법 및 표현을 정리해 봅시다.

□ 의문사 총정리

표현	예문
ai 누가; 누구(를)	Đây là ai? 이분은 누구인가요?
khi nào 언제	Khi nào anh sẽ đi công tác? 당신은 언제 출장을 가나요?
đâu 어디(로) ở đâu 어디에(서)	Anh đi đâu? 어디 가세요? Anh đang làm việc ở đâu? 당신은 어디에서 일하세요?
gì 무엇(을)	Anh sẽ ăn gì? 당신은 무엇을 먹을 거예요?
tại sao 왜	Tại sao anh học tiếng Việt? 당신은 왜 베트남어를 공부해요?
thế nào 어떻게; 어떻습니까	Thời tiết hôm nay thế nào? 오늘 날씨는 어때요?
명사+nào 어느·어떤 ~	Anh là người nước nào? 당신은 어느 나라 사람인가요?
mấy 얼마; 몇 (10 미만의 수량)	Trong lớp, có mấy học sinh? 교실에 몇 명의 학생이 있나요? Bây giờ là mấy giờ? 지금 몇 시예요? Con/Cháu mấy tuổi? 넌 몇 살이니?
bao nhiêu 얼마나; 얼마에 (10 이상의 수량)	Anh bao nhiêu tuổi? 당신은 몇 살인가요?

02. 아래의 한국어 문장들을 베트남어로 직접 작문해 보도록 하세요. (정답 p.152)

① 이분은 누구인가요?

→

② 당신은 언제 출장을 가나요?

→

③ 어디 가세요?

→

④ 당신은 무엇을 먹을 거예요?

→

⑤ 당신은 왜 베트남어를 공부해요?

→

⑥ 오늘 날씨는 어때요?

→

⑦ 당신은 어느 나라 사람인가요?

→

⑧ 교실에 몇 명의 학생이 있나요?

→

⑨ 지금 몇 시예요?

→

⑩ 당신은 몇 살인가요?

→

① Đây là ai?

② Khi nào anh sẽ đi công tác?

③ Anh đi đâu?

④ Anh sẽ ăn gì?

⑤ Tại sao anh học tiếng Việt?

⑥ Thời tiết hôm nay thế nào?

⑦ Anh là người nước nào?

⑧ Trong lớp, có mấy học sinh?

⑨ Bây giờ là mấy giờ?

⑩ Anh bao nhiêu tuổi?

MEMO 틀린 문장이 있을 경우 아래에 몇 번씩 반복해서 써보세요.

CHAPTER 11

과거에 있었던 일 말하기

Tôi đã ăn cơm rồi.

저는 밥을 먹었어요.

① đã+동사...rồi = ~했다

→ đã를 동사 앞에 붙이고 문미에 'rồi(이미)'를 붙여 말하게 되면 '과거에 어떤 행위가 일어나 완료되었다, 과거에 어떤 행위를 하였다'라는 뜻의 '과거 시제' 표현이 됩니다. (참고로 đã와 rồi 중 하나를 생략해서 말하는 것이 가능)

② [현재 시제] Tôi ăn cơm. = 저는 밥을 먹어요.

[과거 시제] Tôi đã ăn cơm rồi. = 저는 밥을 먹었어요.

MP3 듣고 따라 말하며 세 번씩 써보기	∩ mp3 163

①

②

③

응용해서 써본 후 MP3 듣고 따라 말하기	∩ mp3 164

① 저는 베트남어를 공부했어요. [공부하다 = học, 베트남어 = tiếng Việt]

→

② 저는 일을 다 끝냈어요. [일하다 = làm việc, 끝나다 = xong]

→

① Tôi đã học tiếng Việt rồi.
② Tôi đã làm việc xong rồi.

Điện thoại của tôi đã bị hỏng rồi.

제 전화기는 고장 났어요.

① bị+(불유쾌한 의미의) 동사·형용사 = ~하게 되다

   (ex) hỏng = 고장 난; 상한 → 북부에선 hỏng, 남부에선 hư 라고 표현

   bị hỏng = 고장 나게 되다; 상하게 되다

② điện thoại = 전화기 → điện thoại của tôi = 나의 전화기

   [과거 시제] Điện thoại của tôi đã bị hỏng rồi.

   = 제 전화기는 고장 나게 되었어요(고장 났어요).

MP3 듣고 따라 말하며 세 번씩 써보기	🎧 mp3 165

①

②

③

응용해서 써본 후 MP3 듣고 따라 말하기	🎧 mp3 166

① 이 음식은 상했어요. [이 음식 = món ăn này]

  →

② 이 세탁기는 고장 났어요. [이 세탁기 = máy giặt này]

  →

---

① Món ăn này đã bị hỏng rồi.

② Máy giặt này đã bị hỏng rồi.

155

Chị ấy lấy chồng rồi.

그녀는 시집갔어요.

① 앞서 'đã+동사...rồi'에서 đã와 rồi 중 하나를 생략하고 말해도 된다고 배웠죠? 현지 회화에 서는 đã를 생략하고 rồi만 사용해서 말하는 경우가 많습니다.

② [현재 시제] lấy chồng = 시집가다

[과거 시제] đã lấy chồng rồi = 시집갔다

→ đã를 빼고 lấy chồng rồi라고 말해도 무방합니다.

Chị ấy lấy chồng rồi. = 그녀는 시집갔어요.

MP3 듣고 따라 말하며 세 번씩 써보기   🎧 mp3 167

①

②

③

응용해서 써본 후 MP3 듣고 따라 말하기   🎧 mp3 168

① 그는 장가갔어요. [장가가다 = lấy vợ]

→

② 그는 가정을 꾸렸어요(결혼했어요). [세우다 = lập, 가정 = gia đình]

→

---

① Anh ấy (đã) lấy vợ rồi.

② Anh ấy (đã) lập gia đình rồi.

Hôm qua tôi đã ngủ ngon.

저는 어제 잘 잤어요.

① rồi를 생략하고 'đã+동사'라고만 말해도 과거 시제 표현이 될 수 있습니다.

(ex) ngủ(자다)+ngon(맛있다) → ngủ ngon = 잘 자다

đã ngủ ngon = 잘 잤다

② 과거 시제로 말할 땐 '특정한 과거의 시점'을 언급하며 말할 수도 있습니다.

(ex) hôm qua = 어제

Hôm qua tôi đã ngủ ngon. = 저는 어제 잘 잤어요.

MP3 듣고 따라 말하며 세 번씩 써보기　　　　　　　　🎧 mp3 169

①

②

③

응용해서 써본 후 MP3 듣고 따라 말하기　　　　　　　　🎧 mp3 170

① 저는 어제 검진하러(진찰 받으러) 갔어요. [검진하다 = khám bệnh]

→

② 저는 어제 현기증이 났어요. [현기증이 나다 = chóng mặt]

→

① Hôm qua tôi đã đi khám bệnh.

② Hôm qua tôi đã chóng mặt.

Tôi đã gọi điện thoại cho **anh ấy** rồi.

저는 그에게 전화를 걸었어요.

① gọi = 부르다 / điện thoại = 전화

gọi+điện thoại → gọi điện thoại = 전화로 부르다, 전화를 걸다

Tôi đã gọi điện thoại rồi. = 저는 전화를 걸었어요.

② 앞서 우리는 'cho'가 '주다, (~하게) 해 주다'라는 뜻 외에 '~에게'라는 전치사적 의미도 갖고

있다고 배웠었죠? 이를 활용해 예문을 만들면 아래와 같습니다.

Tôi đã gọi điện thoại **cho anh ấy** rồi. = 저는 **그에게** 전화를 걸었어요.

MP3 듣고 따라 말하며 세 번씩 써보기　　　　　🎧 mp3 171

① _____

② _____

③ _____

응용해서 써본 후 MP3 듣고 따라 말하기　　　　　🎧 mp3 172

① 저는 은행에 전화를 걸었어요. [은행 = ngân hàng]

→ _____

② 저는 선생님에게 전화를 걸었어요. [선생님 = giáo viên]

→ _____

---

① Tôi đã gọi điện thoại cho ngân hàng rồi.

② Tôi đã gọi điện thoại cho giáo viên rồi.

Tôi đã tặng quà cho em trai.

저는 남동생에게 선물을 줬어요.

① tặng = (선물로서) 주다 / quà = 선물

tặng quà = 선물을 주다, 선물하다

Tôi đã tặng quà. = 저는 선물을 줬어요.

② '주다'라는 의미가 내포된 동사는 'cho+사람(~에게)'라는 행위 대상이 있어야 합니다.

em trai = 남동생

Tôi đã tặng quà <u>cho em trai</u>. = 저는 <u>남동생에게</u> 선물을 줬어요.

MP3 듣고 따라 말하며 세 번씩 써보기	∩ mp3 173

①

②

③

응용해서 써본 후 MP3 듣고 따라 말하기	∩ mp3 174

① 저는 엄마에게 선물을 드렸어요. [엄마 = mẹ/má]

→

② 저는 사장님에게 선물을 드렸어요. [사장님 = giám đốc]

→

---

① Tôi đã tặng quà cho mẹ/má.

② Tôi đã tặng quà cho giám đốc.

Tôi đã cho anh ấy mượn 10 đô la.

저는 그에게 10달러를 빌려줬어요.

① 앞서 cho를 활용해 아래와 같은 표현을 할 수 있다고 배웠었죠?

cho A(명사) mượn B(명사) = A가 B를 빌리게 해 주다

cho anh ấy mượn 10 đô la = 그가 10달러를 빌리게 해 주다

(→ 그에게 10달러를 빌려주다)

② 위 표현을 활용하여 '(과거에) 빌려주었다'라고 말하면 아래와 같이 되겠죠?

Tôi đã cho anh ấy mượn 10 đô la. = 저는 그에게 10달러를 빌려줬어요.

MP3 듣고 따라 말하며 세 번씩 써보기	🎧 mp3 175

①

②

③

응용해서 써본 후 MP3 듣고 따라 말하기	🎧 mp3 176

① 저는 그에게 공책을 빌려줬어요. [공책 = quyển vở]

→

② 저는 그에게 볼펜을 빌려줬어요. [볼펜 = bút bi]

→

---

① Tôi đã cho anh ấy mượn quyển vở.

② Tôi đã cho anh ấy mượn bút bi.

Tôi đã không uống rượu.

저는 술을 안 마셨어요.

① đã+không+동사 = 안 ~했다

→ 앞서 배웠듯 베트남어 과거 시제는 'đã+동사...(rồi)'라고 표현하는데, 과거 시제 부정문에
선 rồi는 넣지 않는 것이 자연스럽습니다.

② uống = 마시다 / rượu = 술

Tôi đã uống rượu (rồi). = 저는 술을 마셨어요.

Tôi đã không uống rượu. = 저는 술을 안 마셨어요.

MP3 듣고 따라 말하며 세 번씩 써보기　　　　　🎧 mp3 177

①

②

③

응용해서 써본 후 MP3 듣고 따라 말하기　　　　　🎧 mp3 178

① 저는 숙제를 안 했어요. [숙제를 하다 = làm bài tập về nhà]

→

② 저는 그녀에게 연락하지 않았어요. [~에게 연락하나 = liên lạc với ~]

→

---

① Tôi đã không làm bài tập về nhà.

② Tôi đã không liên lạc với chị ấy.

Tôi mới về đến nhà rồi.

저는 방금 집에 도착했어요.

① mới = 새로운; 방금

mới+동사...rồi = 방금 ~했다

→ 방금 전에 일어났던 '근접 과거'의 행위를 표현할 땐 mới를 써서 말하면 되며, 이때 보통 문미에 rồi를 붙여서 말합니다.

② về đến = ~에(으로) 도착하다 / nhà = 집

Tôi mới về đến nhà rồi. = 저는 방금 집에 도착했어요.

MP3 듣고 따라 말하며 세 번씩 써보기　　　　🎧 mp3 179

①

②

③

응용해서 써본 후 MP3 듣고 따라 말하기　　　　🎧 mp3 180

① 저는 방금 월급을 받았어요. [월급을 받다 = nhận lương]

→

② 영화가 방금 끝났어요. [끝나다 = kết thúc]

→

① Tôi mới nhận lương rồi.
② Phim mới kết thúc rồi.

01. 앞서 배운 내용 중 주요 문법 및 표현을 정리해 봅시다.

☐ 과거 시제 & 기타 표현 총정리

표현	예문
đã+동사...rồi ~했다	Tôi đã ăn cơm rồi. 저는 밥을 먹었어요. Chị ấy lấy chồng rồi. 그녀는 시집갔어요. Hôm qua tôi đã ngủ ngon. 저는 어제 잘 잤어요.
bị+(불유쾌한 의미의) 동사·형용사 ~하게 되다	Điện thoại của tôi đã bị hỏng rồi. 제 전화기는 고장 났어요.
cho+사람 ~에게	Tôi đã gọi điện thoại cho anh ấy rồi. 저는 그에게 전화를 걸었어요. Tôi đã tặng quà cho em trai. 저는 남동생에게 선물을 줬어요.
cho A(명사) mượn B(명사) A에게 B를 빌려주다	Tôi đã cho anh ấy mượn 10 đô la. 저는 그에게 10달러를 빌려줬어요.
đã+không+동사 안 ~했다	Tôi đã không uống rượu. 저는 술을 안 마셨어요. Tôi đã không làm bài tập về nhà. 저는 숙제를 안 했어요.
mới+동사+...rồi 방금 ~했다	Tôi mới về đến nhà rồi. 저는 방금 집에 도착했어요.

02. 아래의 한국어 문장들을 베트남어로 직접 작문해 보도록 하세요. (정답 p.165)

① 저는 밥을 먹었어요.

→

② 제 전화기는 고장 났어요.

→

③ 그녀는 시집갔어요.

→

④ 저는 어제 잘 잤어요.

→

⑤ 저는 그에게 전화를 걸었어요.

→

⑥ 저는 남동생에게 선물을 줬어요.

→

⑦ 저는 그에게 10달러를 빌려줬어요.

→

⑧ 저는 술을 안 마셨어요.

→

⑨ 저는 숙제를 안 했어요.

→

⑩ 영화가 방금 끝났어요.

→

① Tôi đã ăn cơm rồi.

② Điện thoại của tôi đã bị hỏng rồi.

③ Chị ấy lấy chồng rồi.

④ Hôm qua tôi đã ngủ ngon.

⑤ Tôi đã gọi điện thoại cho anh ấy rồi.

⑥ Tôi đã tặng quà cho em trai.

⑦ Tôi đã cho anh ấy mượn 10 đô la.

⑧ Tôi đã không uống rượu.

⑨ Tôi đã không làm bài tập về nhà.

⑩ Phim mới kết thúc rồi.

MEMO 틀린 문장이 있을 경우 아래에 몇 번씩 반복해서 써보세요.

CHAPTER 12

과거에 대한 질문 및 경험 말하기

Anh đã ăn cơm chưa?

당신 밥은 먹었어요? (식사하셨나요?)

① 앞서 우리는 chưa로 아래와 같이 의문문을 만들 수 있다고 배웠습니다.

   → [평서문-과거] 주어 đã 동사. = 주어가 ~했어요.

   [의문문-과거] 주어 đã 동사 chưa? = 주어가 ~했나요?

   Anh đã ăn cơm chưa? = 당신 밥은 먹었어요?

② 참고로 chưa 자체가 '~했어요?'와 같이 과거에 대해 묻는 뉘앙스를 갖고 있기 때문에 동사 앞에 붙어 과거 시제를 만드는 đã는 생략 가능합니다.

MP3 듣고 따라 말하며 세 번씩 써보기	🎧 mp3 181
①	
②	
③	

응용해서 써본 후 MP3 듣고 따라 말하기	🎧 mp3 182

① 당신 커피 마셨어요? [마시다 = uống, 커피 = cà phê]

   →

② 당신 일은 했어요? [일하다 = làm việc]

   →

① Anh (đã) uống cà phê chưa?
② Anh (đã) làm việc chưa?

Anh đã về nhà bao giờ?

당신 언제 집에 왔어요?

① bao giờ = 언제

→ bao giờ 역시 앞서 배운 khi nào와 같이 문장 맨 앞에 오면 '미래의 언제'를, 문장 맨 뒤에 오면 '과거의 언제'를 묻는 질문이 됩니다.

② về = 돌아오다, 돌아가다 (→ 'đi về'라고도 쓸 수 있음) / nhà = 집

Anh đã về nhà bao giờ? = 당신 언제 집에 왔어요?

→ '과거의 언제'를 묻는 질문이므로 bao giờ가 문장 맨 끝에 옵니다(đã는 생략 가능).

MP3 듣고 따라 말하며 세 번씩 써보기 mp3 183

①

②

③

응용해서 써본 후 MP3 듣고 따라 말하기 mp3 184

① 당신은 언제 여행을 갔나요? [여행을 가다 = đi du lịch]

→

② 당신 언제 밥 먹었어요?

→

① Anh (đã) đi du lịch bao giờ?

② Anh (đã) ăn cơm bao giờ?

Anh đã đi du lịch ở Việt Nam bao giờ chưa?

당신은 베트남에 여행을 가 본 적이 있나요?

① 주어 đã 동사. = 주어가 ~했어요.

주어 đã 동사 bao giờ chưa? = 주어가 ~해 본 적이 있나요?

→ 위 표현에서도 chưa에 과거적 의미가 있기 때문에 đã는 생략 가능합니다.

② đi du lịch = 여행을 가다 / ở Việt Nam = 베트남에(서)

Anh (đã) đi du lịch ở Việt Nam bao giờ chưa?

= 당신은 베트남에 여행을 <u>가</u> 본 적이 있어요?

MP3 듣고 따라 말하며 세 번씩 써보기　　　　　　　　　　🎧 mp3 185

①

②

③

응용해서 써본 후 MP3 듣고 따라 말하기　　　　　　　　　　🎧 mp3 186

① 당신은 유명한 가수를 만나 본 적이 있나요? [유명한 가수 = ca sĩ nổi tiếng]

→

② 당신은 이 음식을 먹어 본 적이 있나요? [이 음식 = món ăn này]

→

---

① Anh (đã) gặp ca sĩ nổi tiếng bao giờ chưa?

② Anh (đã) ăn món ăn này bao giờ chưa?

Trước đây chúng ta

đã từng gặp nhau rồi phải không?

이전에 우리 서로 만난 적 있는 거 맞지요?

① đã từng 동사 rồi = ~한 적이 있다

chúng ta = 우리 / gặp = 만나다 / nhau = 서로

Chúng ta đã từng gặp nhau rồi. = 우리 서로 만난 적이 있어요.

② 문장+phải không? = ~인 게 맞지요? / trước đây = 이전에

Trước đây chúng ta đã từng gặp nhau rồi phải không?

= 이전에 우리 서로 만난 적 있는 거 맞지요?

MP3 듣고 따라 말하며 세 번씩 써보기   ◯ mp3 187

①

②

③

응용해서 써본 후 MP3 듣고 따라 말하기   ◯ mp3 188

① 우리 이전에 공부했던 적 있는 거 맞지요? [공부하다 = học]

→

② 우리 이전에 대화했던 적 있는 거 맞지요? [대화하다 = nói chuyện]

→

① Trước đây chúng ta đã từng học rồi phải không?
② Trước đây chúng ta đã từng nói chuyện rồi phải không?

Tôi chưa bao giờ lái xe.

저는 운전해 본 적이 없어요.

① chưa bao giờ 동사 = (아직) ~해 본 적이 없다 (미래에 해 볼 가능성 O)

→ 'chưa bao giờ'는 과거에 무언가를 해 본 경험이 없지만 앞으로 그것을 할 가능성은 있
다는 뉘앙스로 말할 때 쓰는 표현입니다.

② lái xe = 운전하다

Tôi chưa bao giờ lái xe.

= 저는 <u>운전해</u> 본 적이 없어요. (하지만 미래에 해 볼 가능성 있음)

MP3 듣고 따라 말하며 세 번씩 써보기	∩ mp3 189
①	
②	
③	

응용해서 써본 후 MP3 듣고 따라 말하기	∩ mp3 190

① 저는 유명한 가수를 만나 본 적이 없어요.

→

② 저는 베트남 여행을 가 본 적이 없어요.

→

① Tôi chưa bao giờ gặp ca sĩ nổi tiếng.

② Tôi chưa bao giờ đi du lịch ở Việt Nam.

Tôi không bao giờ hút thuốc.

저는 담배를 피워 본 적이 없어요.

① không bao giờ 동사 = (결코) ~해 본 적이 없다 (미래에도 할 가능성 X)

→ 'không bao giờ'는 과거에 무언가를 해 본 경험도 없고 앞으로도 그것을 결단코 하지 않겠다는 뉘앙스로 말할 때 쓰는 표현입니다.

② hút = 피우다 / thuốc = 담배

Tôi không bao giờ hút thuốc.

= 저는 담배를 피워 본 적이 없어요. (미래에도 할 가능성 결코 없음)

MP3 듣고 따라 말하며 세 번씩 써보기 ∩ mp3 191

①

②

③

응용해서 써본 후 MP3 듣고 따라 말하기 ∩ mp3 192

① 저는 술을 마셔 본 적이 없어요. [마시다 = uống, 술 = rượu]

→

② 저는 마약을 해 본 적이 없어요. [복용하다 = dùng, 마약 = ma túy]

→

① Tôi không bao giờ uống rượu.

② Tôi không bao giờ dùng ma túy.

173

Tôi đã ăn món ăn này một lần rồi.

저는 이 음식을 한 번 먹어 봤어요.

① 숫자+lần = ~회, ~번

　đã 동사 **숫자 lần** rồi = ~**번** ~해 봤다

　→ (ex) đã 동사 **một lần** rồi = **한 번** ~해 봤다

　　đã 동사 **hai lần** rồi = **두 번** ~해 봤다

② ăn = 먹다 / món ăn này = 이 음식

　Tôi đã ăn món ăn này một lần rồi. = 저는 이 음식을 **한 번** 먹어 봤어요.

MP3 듣고 따라 말하며 세 번씩 써보기　　　　　　　　　　　∩ mp3 193

①

②

③

응용해서 써본 후 MP3 듣고 따라 말하기　　　　　　　　　　∩ mp3 194

① 저는 이 맥주를 한 번 마셔 봤어요. [이 맥주 = bia này]

　→

② 저는 베트남에 한 번 가 봤어요.

　→

---

① Tôi đã uống bia này một lần rồi.

② Tôi đã đến Việt Nam một lần rồi.

Anh sống ở Thành Phố Seoul được bao lâu rồi?

당신은 서울시에서 산 지 얼마나 됐나요?

① bao lâu = 얼마나, 얼마 동안

문장 được bao lâu rồi? = ~인 지 얼마나 됐나요?

→ 위 표현은 '과거부터 현재까지 걸린 기간'에 대해 물을 때 쓰는 표현입니다.

② sống = 공부하다 / Thành Phố(도시)+Seoul = 서울시

Anh sống ở Thành Phố Seoul được bao lâu rồi?

= 당신은 서울시에서 산 지 얼마나 됐나요?

MP3 듣고 따라 말하며 세 번씩 써보기   ⌒ mp3 195

①

②

③

응용해서 써본 후 MP3 듣고 따라 말하기   ⌒ mp3 196

① 당신은 베트남어를 공부한 지 얼마나 됐나요? [베트남어를 공부하다 = học tiếng Việt]

→

② 당신은 이 회사에서 일한 지 얼마나 됐나요? [이 회사 = công ty này]

→

---

① Anh học tiếng Việt được bao lâu rồi?

② Anh làm việc ở công ty này được bao lâu rồi?

Tôi đến Việt Nam được 6 tháng rồi ạ.

저는 베트남에 온 지 6개월 됐어요.

① 숫자+tháng = ~개월

문장 được 숫자 tháng rồi. = ~인 지 ~개월 되었다.

→ '~월'은 'tháng+숫자'로, '~개월'은 '숫자+tháng'와 같이 표기합니다.

(ex) 1월 = tháng một / 1개월 = một tháng

② đến+장소 = ~에 오다(도착하다) / ạ = 문미에 붙여 예의를 표함

Tôi đến Việt Nam được 6 tháng rồi ạ. = 저는 베트남에 온 지 6개월 됐어요.

MP3 듣고 따라 말하며 세 번씩 써보기 ◯ mp3 197

①

②

③

응용해서 써본 후 MP3 듣고 따라 말하기 ◯ mp3 198

① 저는 베트남어를 공부한 지 3개월 됐어요.

→

② 저는 그녀와 서로 사랑한 지 1개월 됐어요. [사랑하다 = yêu]

→

---

① Tôi học tiếng Việt được 3 tháng rồi ạ.

② Tôi yêu cô ấy được 1 tháng rồi ạ.

Tôi làm quen với cô ấy được 1 năm rồi ạ.

저는 그녀와 알고 지낸 지 1년 되었어요.

① 숫자+năm = ~년

문장 được 숫자 năm rồi. = ~인 지 ~년 되었다.

→ 앞서 배운 구문에 '숫자+năm'을 넣어 말하면 '연(年)' 단위로 말할 수 있습니다.

② làm quen = 아는 사이다 / với = 함께, ~와

Tôi làm quen với cô ấy được 1 năm rồi ạ.

= 저는 그녀와 알고 지낸 지 1년 되었어요.

MP3 듣고 따라 말하며 세 번씩 써보기   🎧 mp3 199

①

②

③

응용해서 써본 후 MP3 듣고 따라 말하기   🎧 mp3 200

① 저는 이 회사에서 일한 지 5년 됐어요. [일을 하다 = làm việc]

→

② 저는 호찌민 시에서 산 지 6년 됐어요. [호찌민 시 = Thành Phố Hồ Chí Minh]

→

① Tôi làm việc ở công ty này được 5 năm rồi ạ.

② Tôi sống ở Thành Phố Hồ Chí Minh được 6 năm rồi ạ.

01. 앞서 배운 내용 중 주요 문법 및 표현을 정리해 봅시다.

☐ '요구 · 제안 및 의중을 묻는' 표현 총정리

표현	예문
주어 đã 동사 chưa? **주어가 ~했나요?**	Anh đã ăn cơm chưa? 당신 밥은 먹었어요?
과거문 bao giờ? **언제 ~했나요?**	Anh đã về nhà bao giờ? 당신 언제 집에 왔어요?
주어 đã 동사 bao giờ chưa? **주어가 ~해 본 적이 있나요?**	Anh đã ăn món ăn này bao giờ chưa? 당신은 이 음식을 먹어 본 적이 있나요?
đã từng 동사 rồi **~한 적이 있다**	Trước đây chúng ta đã từng gặp nhau rồi phải không? 이전에 우리 서로 만난 적 있는 거 맞지요?
chưa bao giờ 동사 **(아직) ~해 본 적이 없다**	Tôi chưa bao giờ lái xe. 저는 운전해 본 적이 없어요.
không bao giờ 동사 **(결코) ~해 본 적이 없다**	Tôi không bao giờ hút thuốc. 저는 담배를 피워 본 적이 없어요.
đã 동사 숫자 lần rồi **~번 ~해 봤다**	Tôi đã ăn món ăn này một lần rồi. 저는 이 음식을 한 번 먹어 봤어요.
문장 được bao lâu rồi? **~인 지 얼마나 됐나요?**	Anh sống ở Thành Phố Seoul được bao lâu rồi? 당신은 서울시에서 산 지 얼마나 됐나요?
được 숫자 tháng/năm rồi **~인 지 ~개월/년 되었다**	Tôi đến Việt Nam được 6 tháng rồi ạ. 저는 베트남에 온 지 6개월 됐어요.

02. 아래의 한국어 문장들을 베트남어로 직접 작문해 보도록 하세요. (정답 p.180)

① 당신 밥은 먹었어요? (식사하셨나요?)

→

② 당신 언제 집에 왔어요?

→

③ 당신은 베트남에 여행을 가 본 적이 있나요?

→

④ 이전에 우리 서로 만난 적 있는 거 맞지요?

→

⑤ 저는 운전해 본 적이 없어요.

→

⑥ 저는 담배를 피워 본 적이 없어요.

→

⑦ 저는 이 음식을 한 번 먹어 봤어요.

→

⑧ 당신은 서울시에서 산 지 얼마나 됐나요?

→

⑨ 저는 베트남에 온 지 6개월 됐어요.

→

⑩ 저는 그녀와 알고 지낸 지 1년 되었어요.

→

① Anh đã ăn cơm chưa?

② Anh đã về nhà bao giờ?

③ Anh đã đi du lịch ở Việt Nam bao giờ chưa?

④ Trước đây chúng ta đã từng gặp nhau rồi phải không?

⑤ Tôi chưa bao giờ lái xe.

⑥ Tôi không bao giờ hút thuốc.

⑦ Tôi đã ăn món ăn này một lần rồi.

⑧ Anh sống ở Thành Phố Seoul được bao lâu rồi?

⑨ Tôi đến Việt Nam được 6 tháng rồi ạ.

⑩ Tôi làm quen với cô ấy được 1 năm rồi ạ.

MEMO 틀린 문장이 있을 경우 아래에 몇 번씩 반복해서 써보세요.

REVIEW & CHECK

앞서 배운 베트남어 중급문장 100개 및
문장을 익히면서 등장했던 주요 어휘들을
한눈에 훑어 보며 정리해 보도록 합시다.

① 중급문장 100 총정리

② 주요 어휘 총정리

001 hay 자주, 종종

Tôi hay đi nhà sách.	저는 자주 서점에 가요.
Tôi hay uống bia với bạn.	저는 자주 친구와 맥주를 마셔요.
Tôi hay cãi nhau với bạn.	저는 자주 친구와 싸워요.

002 thỉnh thoảng 때때로

Tôi thỉnh thoảng đi dạo với gia đình.	저는 때때로 가족과 산책을 해요.
Tôi thỉnh thoảng đi tàu điện ngầm.	저는 때때로 지하철을 타요.
Tôi thỉnh thoảng đi xe buýt.	저는 때때로 버스를 타요.

003 luôn luôn 언제나, 항상

Tôi luôn luôn thức dậy lúc 7 giờ sáng.	저는 항상 아침 7시에 일어나요.
Tôi luôn luôn ăn sáng lúc 7 giờ.	저는 항상 7시에 아침을 먹어요.
Tôi luôn luôn đi tập thể dục lúc 7 giờ tối.	저는 항상 저녁 7시에 운동하러 가요.

004 thường 보통

Cuối tuần tôi thường đi quán cà phê.	주말에 저는 보통 카페에 가요.
Cuối tuần tôi thường đi leo núi.	주말에 저는 보통 등산을 가요.
Cuối tuần tôi thường đi tìm nhà hàng ngon.	주말에 저는 보통 맛집을 찾아다녀요.

005 vào mỗi 요일 ~요일마다

Tôi đi nhà thờ vào mỗi chủ nhật. 저는 일요일마다 교회에 가요.

Tôi đi tập thể dục vào mỗi thứ hai. 저는 월요일마다 운동하러 가요.

Tôi uống bia với bạn vào mỗi thứ bảy. 저는 토요일마다 친구와 맥주를 마셔요.

006 숫자 buổi một tuần 일주일에 ~번

Tôi học tiếng Việt ba buổi một tuần. 저는 일주일에 세 번 베트남어를 공부해요.

Tôi học tiếng Việt năm buổi một tuần. 저는 일주일에 다섯 번 베트남어를 공부해요.

Tôi làm việc sáu buổi một tuần. 저는 일주일에 여섯 번 일해요.

007 ít khi 거의 안 (~하다)

Tôi ít khi uống rượu. 저는 술을 거의 안 마셔요.

Tôi ít khi hút thuốc. 저는 담배를 거의 안펴요.

Tôi ít khi uống thuốc. 저는 약을 거의 안 먹어요

008 trước khi ~ 전에

Trước khi ăn cơm, tôi rửa tay. 밥 먹기 전에 저는 손을 씻어요.

Trước khi ăn cơm, tôi uống nước. 밥 먹기 전에 저는 물을 마셔요.

Trước khi ăn cơm, tôi dọn dẹp nhà. 밥 먹기 전에 저는 청소를 해요.

009 sau khi ~ 후에

Sau khi tan sở, tôi sẽ về nhà.	퇴근한 후 저는 집에 갈 거예요.
Sau khi uống cà phê, tôi sẽ đi về nhà.	커피를 마신 후 저는 집에 갈 거예요.
Tôi sẽ uống cà phê sau khi ăn cơm.	밥을 먹고 난 후 저는 커피를 마실 거예요.

010 sau đó 그러고(~(하)고) 나서

Tôi uống cà phê với bạn sau đó đi về nhà.	저는 친구와 커피를 마시고 나서 집에 갈 거예요.
Tôi rửa tay sau đó ăn cơm.	저는 손을 씻고 나서 밥을 먹을 거예요.
Tôi học tiếng Việt sau đó đi du học.	저는 베트남어를 공부하고 나서 유학을 갈 거예요.

011 주어+형용사+quá. 주어는 매우 · 몹시 ~해요.

Tôi đói bụng quá.	저는 매우 배고파요.
Tôi no bụng quá.	저는 매우 배불러요.
Tôi đau bụng quá.	저는 배가 매우 아파요..

012 주어+thấy đau+아픈 부위+quá. 주어는 ~가 너무 아파요.

Tôi thấy đau bụng quá.	저는 배가 매우 아파요.
Tôi thấy đau đầu quá.	저는 머리가 매우 아파요.
Tôi thấy đau răng quá.	저는 이가 매우 아파요.

013 주어+동사+quá+형용사. **주어는 ~하기를 너무 ~해요.**

Anh ấy nói tiếng Việt quá giỏi. 　그는 베트남어 말하기를 너무 잘해요.

Anh ấy nói tiếng Việt quá kém. 　그는 베트남어 말하기를 너무 못해요.

Anh ấy nói tiếng Việt quá lưu loát. 　그는 베트남어 말하기가 너무 유창해요.

014 주어+rất+형용사. **주어는 매우·아주 ~해요.**

Phố này rất bẩn. 　이 거리는 매우 더러워요.

Phố này rất sạch sẽ. 　이 거리는 매우 깨끗해요.

Phố này rất phức tạp. 　이 거리는 매우 복잡해요.

015 Tôi thấy rất là 형용사. **내가 너무 ~한 느낌이에요.**

Tôi thấy rất là bực mình. 　저 너무 화나는 느낌이에요.

Tôi thấy rất là tức giận. 　저 너무 짜증나는 느낌이에요.

Tôi thấy rất là buồn. 　저 너무 슬픈 느낌이 들어요.

016 주어+cực kỳ+형용사. **주어는 몹시·극히·엄청 ~해요.**

Cô ấy cực kỳ đẹp. 　그녀는 엄청 예뻐요.

Cô ấy cực kỳ mệt. 　그녀는 몹시 피곤해요.

Cô ấy cực kỳ giỏi. 　그녀는 엄청 잘해요.

017 주어+hơi+형용사. **주어는 다소 ~해요.**

Dạo này tôi hơi bận. 　요즘 저는 다소 바빠요.

Dạo này tôi hơi mệt mỏi. 　요즘 저는 다소 피곤해요.

Dạo này tôi hơi buồn. 　요즘 저는 다소 우울해요.

018 주어+không+형용사+lắm. 주어는 그다지 ~하지 않아요.

Anh trai tôi không lịch sự lắm. 우리 오빠는 그다지 예의 있지 않아요.

Anh trai tôi không cao lắm. 우리 오빠는 그다지 키가 크지 않아요.

Anh trai tôi không thấp lắm. 우리 오빠는 그다지 키가 작지 않아요.

019 감정·느낌+chết đi được (지금) ~해서 죽겠다

Giận chết đi được. 짜증나 죽겠어요.

No chết đi được. 배불러 죽겠어요.

Đói chết đi được. 배고파 죽겠어요.

020 감정·느낌+chết mất (나중에) ~해서 죽을 것이다

Nóng chết mất. 더워서 죽을 거예요.

Lạnh chết mất. 추워서 죽을 거예요.

Nhớ chết mất. 보고 싶어 죽을 거예요.

021 chưa+동사 아직 ~하지 않았다

Tôi chưa kết hôn. 저는 아직 결혼하지 않았어요.

Tôi chưa mua quyển sách này. 저는 아직 이 책을 안 샀어요.

Tôi chưa lấy chứng chỉ của mình. 저는 아직 제 자격증을 안 받았어요.

022 주어+chưa có+명사. 주어는 아직 ~을 가지지 않았어요.

Tôi chưa có người yêu. 저는 아직 애인이 없어요.

Tôi chưa có bạn trai/bạn gái. 저는 아직 남자친구/여자친구가 없어요.

Tôi chưa có chồng/vợ/con. 저는 아직 남편/부인/자녀가 없어요.

023 vẫn còn+동사·형용사 **아직(도)·여전히 ~하다**

Anh ấy vẫn còn ở Hà Nội.	그는 여전히 하노이에 있어요.
Anh ấy vẫn còn ở nhà.	그는 여전히 집에 있어요.
Anh ấy vẫn còn ở văn phòng.	그는 여전히 사무실에 있어요.

024 chỉ+동사+thôi **단지 ~할 뿐이다**

Tôi chỉ có một anh trai thôi.	저는 단지 오빠만 있을 뿐이에요.
Tôi chỉ biết tiếng Anh thôi.	저는 단지 영어만 (할 줄) 알 뿐이에요.
Tôi chỉ thích ca sĩ này thôi.	저는 이 가수만 좋아해요.

025 sẽ+동사+lại **다시 ~할 거다**

Tôi sẽ ngủ lại.	저는 다시 잘 거예요.
Tôi sẽ đọc lại.	제가 다시 읽을게요.
Tôi sẽ nói lại.	제가 다시 말할게요.

026 bị+(불유쾌한) 동사·형용사 **~(안 좋은 상태에 처)하게 되다**

Tôi bị ho.	저 기침이 나요.
Tôi bị sốt cao.	저는 열이 높게(많이) 나요.
Tôi bị sổ mũi.	저는 콧물이 나와요.

027 suýt+동사 **~할 뻔하다**

Tôi suýt bị ngã.	저 거의 넘어질 뻔했어요.
Tôi suýt bị phạt.	저는 벌금을 낼 뻔했어요.
Tôi suýt khóc.	저는 눈물 날 뻔했어요.

028 형용사·동사+hơn+A A보다 (더) ~하다

Hôm nay lạnh hơn hôm qua.	오늘은 어제보다 더 추워요.
Hôm nay ấm hơn hôm qua.	오늘은 어제보다 더 따뜻해요.
Hôm nay mát hơn hôm qua.	오늘은 어제보다 더 시원해요.

029 to·nhỏ/cao·thấp+hơn+A A보다 (더) 덩치가 크다·작다/키가 크다·작다

Em trai to hơn anh trai.	동생이 형보다 덩치가 커요.
Em trai cao hơn anh trai.	동생이 형보다 키가 커요.
Anh trai thấp hơn em trai.	형이 동생보다 키가 작아요.

030 nhiều/ít+hơn+A+숫자 tuổi A보다 ~살 많다/적다

Anh ấy nhiều hơn tôi 3 tuổi.	그는 저보다 세 살 많아요.
Chị ấy nhiều hơn tôi 1 tuổi.	그는 저보다 한 살 많아요.
Em ấy ít hơn tôi 1 tuổi.	걔는 나보다 한 살 적어요.

031 không+형용사·동사+hơn+A A보다 ~하지 않다

Hôm nay không lạnh hơn hôm qua.	오늘은 어제보다 춥지 않아요.
Hôm nay không nóng hơn hôm qua.	오늘은 어제보다 덥지 않아요.
Hôm nay không ẩm hơn hôm qua.	오늘은 어제보다 습하지 않아요.

032 dần dần+형용사·동사+hơn 점점 더 ~하다

Thời tiết dần dần nóng hơn.	베트남은 날이 갈수록 발전해요.
Giá nhà dần dần tăng lên.	집값은 점점 올라요.
Học tiếng Việt dần dần khó hơn.	베트남어 공부는 점점 더 어려워요.

033 càng A càng B A할수록 (더) B하다

Việt Nam càng ngày càng phát triển. 베트남은 날이 갈수록 발전해요.

Món ăn này càng ăn càng ngon. 이 음식은 먹을수록 맛있어요.

Càng nhìn cô ấy càng xinh. 그녀는 볼수록 예뻐요.

034 형용사 · 동사+bằng+A A만큼 ~하다

Anh ấy đẹp trai bằng anh. 그는 당신만큼 잘생겼어요.

Cái này khó bằng cái kia. 이것은 저것만큼 어려워요.

Xe ô tô này đắt bằng xe ô tô kia. 이 차는 저 차만큼 비싸요.

035 형용사 · 동사+giống như+A A처럼 ~하다

Anh ấy hát hay giống như ca sĩ. 그는 가수처럼 노래를 잘 불러요.

Anh ấy cao giống như người mẫu. 그는 모델처럼 키가 커요.

Mắt của anh ấy to giống như mắt con nai. 그의 눈은 사슴 눈처럼 커요.

036 giống như+A A 같다

Điện thoại này giống như cái mới. 이 휴대폰은 새것 같아요.

Túi xách này giống như hàng hiệu. 이 가방은 명품 같아요.

Em giống như diễn viên. 너는 배우 같아.

037 khác+với+A A와 다르게

Nội dung của quyển sách này rất hay, khác với quyển sách kia.
이 책의 내용은 저 책과 다르게 아주 좋아요.

Cái này rất bền, khác với cái kia.
이것은 저것과 다르게 굉장히 튼튼해요.

Cái này rất dễ thương, khác với cái kia.
이것은 저것과 다르게 굉장히 귀여워요.

038 형용사 · 동사+nhất 가장 ~하다

Cô ấy đẹp nhất.
그녀가 가장 예뻐요.

Món ăn này ngon nhất.
이 음식이 가장 맛있어요.

Sinh viên này giỏi nhất.
이 학생이 가장 잘해요.

039 형용사 · 동사+nhất+trong A A에서 가장 ~하다

Mai học tiếng Việt chăm chỉ nhất trong lớp này.
마이가 이 반에서 베트남어 공부를 가장 열심히 해요.

Mai làm việc chăm chỉ nhất trong văn phòng này.
마이가 이 사무실에서 제일 열심히 해요.

Tiếng Việt hay nhất trong những ngoại ngữ.
베트남어가 외국어들 중 가장 좋아요 (재밌어요).

040 Chắc là+문장. (확신성 높음) ~인 것 같아요.

Chắc là anh ấy yêu chị ấy.
그는 그녀를 사랑하는 것 같아요.

Chắc là anh ấy bị cảm.
그는 감기에 걸린 것 같아요.

Chắc là hôm nay trời sẽ mưa.
오늘은 비가 올 것 같아요.

041 Có lẽ+문장. (확신성 다소 낮음) ~인 것 같아요.

Có lẽ anh ấy sai.	그가 틀린 것 같아요.
Có lẽ anh ấy đúng.	그가 맞는 것 같아요.
Có lẽ anh ấy không có ở nhà.	그는 집에 없는 것 같아요.

042 Hình như+문장. (확신성 많이 낮음) ~인 것 같아요.

Hình như chị ấy mới đi ra ngoài.	그는 그녀를 사랑하는 것 같아요.
Hình như chị ấy chia tay.	그녀는 헤어진 것 같아요.
Hình như em ấy không có tiền.	걔는 돈이 없는 것 같아요.

043 Dường như+문장+thì phải. (확신성 많이 낮음) ~인 것 같아요.

Dường như nó không hiểu thì phải.	그는 이해하지 못한 것 같아요.
Dường như anh ấy say thì phải.	그는 취한 것 같아요.
Dường như em ấy không biết thì phải.	걔는 잘 모르는 것 같아요.

044 Tôi thấy+문장. 내 느낌에/보기에 ~이에요.

Tôi thấy chị ấy rất giận.	제 느낌에 그녀는 굉장히 화났어요.
Tôi thấy học tiếng Việt hơi khó.	제 보기에 베트남어 공부는 다소 어려워요.
Tôi thấy anh ấy rất đẹp trai.	제 보기에 그는 매우 잘생겼어요.

045 Theo tôi + 문장. 내 생각에 ~이에요.

Theo tôi việc này là không quan trọng.   제 생각에 이 일은 중요치 않아요.

Theo tôi Việt Nam đang rất phát triển.   제 생각에 베트남은 엄청나게 발전 중이에요.

Theo tôi công ty này rất tốt.   제 생각에 이 회사는 매우 좋아요.

046 Tôi nghĩ là + 문장. 내 생각에 ~이에요.

Tôi nghĩ là anh ấy nói đúng.   제 생각에 그의 말이 맞아요.

Tôi nghĩ là anh ấy nói sai.   제 생각에 그의 말이 틀렸어요.

Tôi nghĩ là anh ấy biết tôi.   제 생각에 그는 나를 알아요.

047 Tôi biết là + 문장. 내가 알기로는 ~이에요.

Tôi biết là anh ấy muốn về nước.   제가 알기로는 그는 귀국하고 싶어 해요.

Tôi biết là anh ấy muốn đi về nhà.   제가 알기로는 그는 집에 가고 싶어 해요.

Tôi biết là anh ấy là giám đốc ở đây.   제가 알기로는 그가 여기 사장님이에요.

048 Tôi tưởng + 문장. 나는 ~라고 생각했어요/~인 줄 알았어요.

Tôi tưởng anh ấy là giám đốc.   저는 그가 사장님이라고 생각했어요.

Tôi tưởng chị ấy là bạn gái của anh.   저는 그녀가 당신의 여자 친구인 줄 알았어요.

Tôi tưởng việc này không quan trọng.   저는 이 일이 중요하지 않다고 생각했어요.

049 Ý tôi là+명사. 내 생각은 ~이에요.

Ý tôi là không phải như vậy.	제 의견은 그게 아니에요.
Ý anh ấy là không phải như thế.	그의 의견은 그게 아니에요.
Ý tôi là không quan trọng.	제 생각은 중요하지 않아요.

050 Tôi định+동사. 나는 ~하기로 결정했어요.

Tôi định chia tay với người yêu.	저는 애인과 헤어지기로 결정했어요.
Tôi định đi về nước.	저는 귀국하기로 결정했어요.
Tôi định đi du học ở Mỹ.	저는 미국에 유학 가기로 결정했어요.

051 주어+có+명사+không? 주어는 ~이·가 있나요?

Anh có thời gian không?	(당신) 시간 있으세요?
Anh có tiền không?	당신은 돈이 있나요?
Anh có bằng lái xe không?	당신은 운전면허증이 있나요?

052 주어+có+명사+chưa? 주어는 ~이·가 있나요?

Anh có người yêu chưa?	(당신) 애인 있어요?
Anh có vợ chưa?	당신은 아내가 있나요? (= 결혼했나요?)
Anh có con chưa?	당신은 자녀가 있나요?

053 주어+có+형용사+không? 주어는 (상태가) ~한가요?

Anh (có) khỏe không?	(당신) 잘 지내세요?
Anh (có) mệt không?	당신은 피곤한가요?
Anh (có) vui không?	당신은 즐거운가요?

054 주어+là+명사+phải không? 주어는 ~이 맞나요?

Anh là người Hàn Quốc phải không?	(당신) 한국 사람이 맞나요?
Anh là sinh viên phải không?	당신은 대학생이 맞나요?
Anh là nhà kinh doanh phải không?	당신은 사업가가 맞나요?

055 주어+có thể+동사+được không? 주어는 ~할 수 있나요?

Anh không ăn được món ăn cay đúng không?	(당신) 매운 음식 못 먹죠, 그렇죠?
Anh có thể chơi bóng đá được không?	당신은 축구를 할 수 있나요?
Anh có thể làm việc vào buổi sáng được không?	당신은 오전에 근무할 수 있나요?

056 문장+đúng không? ~이에요, 맞죠(그렇죠)?

Anh không ăn được món ăn cay đúng không?	당신은 매운 음식 못 먹죠, 그렇죠?
Em không hiểu đúng không?	너 이해 못했지, 그렇지?
Anh không biết lái xe đúng không?	당신은 운전 못하죠, 그렇죠?

057 cho+A(명사)+B(명사) A에게 B를 주다

Cho tôi thực đơn.	저에게 메뉴를 주세요.
Cho tôi tiền.	저에게 돈을 주세요.
Cho tôi thời gian.	저에게 시간을 주세요.

058 Cho+A(명사)+thêm+B(명사)+nữa. A에게 B를 더 주세요.

Cho tôi thêm một bát/chén cơm nữa.　한 그릇 더 주세요.

Cho tôi thêm một cốc/ly nước nữa.　물 한 잔 더 주세요.

Cho tôi thêm một chai bia nữa.　맥주 한 병 더 주세요.

059 cho+A(명사)+동사 A가 ~하게 해 주다

Cho tôi xem thực đơn.　제게 메뉴 좀 보여 주세요.

Cho tôi biết.　제게 알려 주세요.

Cho tôi nghe 1(một) bài hát.　제게 노래 한 곡 들려 주세요.

060 cho A(명사) mượn B(명사) A가 B를 빌리게 해 주다

Cho tôi mượn 10(mười) đô la.　저에게 10달러를 빌려주세요.

Cho tôi mượn mỹ phẩm.　저에게 화장품을 빌려주세요.

Cho tôi mượn quyển sách.　저에게 책을 빌려주세요.

061 sẽ+동사+cho ~해 주겠다

Tôi sẽ giải thích cho.　제가 설명해 줄게요.

Tôi sẽ làm cho.　제가 해 줄게요.

Tôi sẽ mua cho.　제가 사 줄게요.

062 có thể+동사+được ~할 수 있다

Tôi có thể hút thuốc ở đây được không ạ?

(제가) 여기에서 담배를 피워도 될까요?

Tôi có thể ngồi đây được không ạ?

(제가) 여기 앉아도 될까요?

Tôi có thể ngủ một chút được không ạ?

(저는) 조금만 자도 될까요?

---

063 주어+동사+thử không? 주어는 ~하는 걸 해 볼래요?

Anh ăn thử không?

(당신) 한번 먹어 볼래요?

Anh uống thử không?

(당신) 한번 마셔 볼래요?

Anh mặc thử không?

(당신) 한번 입어 볼래요?

---

064 문장+thì thế nào nhỉ? ~ 어때요?

Chúng ta đi đảo Jeju thì thế nào nhỉ?

우리 제주도 가는 거 어때요?

Chúng ta đi nhậu thì thế nào nhỉ?

우리 한잔하러 가는 거 어때요?

Chúng ta gặp ở công viên thì thế nào nhỉ?

우리 공원에서 만나는 거 어때요?

---

065 문장+nhé. ~ 하자.

Chúng ta đi nhậu nhé.

우리 한잔하러 가자.

Chúng ta đi uống cà phê nhé.

우리 커피 마시러 가자.

Chúng ta đi cùng nhau nhé.

우리 같이 가자.

Hãy+동사. ~해 보세요.

Hãy giới thiệu về bản thân.   자신에 대해 소개해 보세요.

Hãy giới thiệu về gia đình của em.   당신의 가족에 대해 소개해 보세요

Hãy giới thiệu về công ty của em.   당신의 가족에 대해 소개해 보세요.

Mời+동사. ~하세요.

Mời lên xe.   차에 타세요.

Mời ngồi.   앉으세요.

Mời ăn   드세요.

Chúc+기원하는 것. ~이길 바라요 · 기원해요.

Chúc một ngày vui vẻ.   좋은 하루이길 바라요. (좋은 하루 되
                                        세요.)

Chúc cuối tuần vui vẻ.   즐거운 주말 보내세요.

Chúc buổi tối vui vẻ.   좋은 저녁 보내세요.

제안1+hay là+제안2? ~(제안1)하실래요, 아니면 ~(제안2)하실래요?

Anh uống cà phê đen đá hay (là)   (당신은) 아이스 블랙커피 마실래요,
uống cà phê sữa đá?   아니면 아이스 카페라떼 마실래요?

Anh uống sữa hay (là) uống nước   (당신은) 우유를 마실래요, 아니면 오
cam?   렌지 주스를 마실래요?

Anh uống bia hay (là) uống soju?   (당신은) 맥주 마실래요, 아니면 소주
                                        마실래요?

070 ai 누가; 누구(를)

Đây là ai?	이분은 누구인가요?
Đó là ai?	그분은 누구인가요?
Kia là ai?	저분은 누구인가요?

071 khi nào 언제

Khi nào anh (sẽ) đi công tác?	당신은 언제 출장을 가나요?
Khi nào anh (sẽ) kết hôn?	당신은 언제 결혼할 거예요?
Khi nào anh (sẽ) đi làm thêm?	당신은 언제 아르바이트를 갈 거예요?

072 đâu 어디(로)

Anh đi đâu?	어디 가세요?
Cuối tuần sau, anh sẽ đi đâu?	다음 주말에 당신은 어디 가실 거예요?
Cuối tuần trước, anh đã đi đâu?	지난 주말에 당신은 어디 갔었나요?

073 ở đâu 어디에(서)

Anh đang làm việc ở đâu?	당신은 어디에서 일하세요?
Anh đang sống ở đâu?	당신은 어디에 살아요?
Anh đang học tiếng Việt ở đâu?	당신은 어디에서 베트남어를 공부해요?

074 gì 무엇(을)

Anh sẽ ăn gì?	당신은 무엇을 먹을 거예요?
Anh sẽ uống gì?	당신은 무엇을 마실 거예요?
Anh muốn làm gì?	당신은 무엇을 하고 싶어요?

075 tại sao 왜

Tại sao anh học tiếng Việt?	당신은 왜 베트남어를 공부해요?
Tại sao anh làm việc ở Việt Nam?	당신은 왜 베트남에서 일해요?
Tại sao anh mua cái này?	당신은 왜 이걸 사나요?

076 명사+nào 어떻게; 어떻습니까

Thời tiết hôm nay thế nào?	오늘 날씨는 어때요?
Tâm trạng hôm nay thế nào?	오늘 기분은 어때요?
Món ăn này thế nào?	이 음식은 어때요?

077 như thế nào 어떻게; 어때

Em thấy kiểu điện thoại này như thế nào?	네가 보기에 이 휴대폰 디자인 어때?
Em thấy kiểu túi xách này như thế nào?	네가 보기에 이 가방 디자인 어때?
Em thấy kiểu quần áo này như thế nào?	네가 보기에 이 옷 디자인 어때?

078 명사+nào 어느·어떤 ~

Anh là người nước nào?	당신은 어느 나라 사람인가요?
Anh là nhân viên công ty nào?	당신은 어느 회사 직원인가요?
Anh là sinh viên trường nào?	당신은 어느 학교 학생인가요?

079 mấy 얼마; 몇 (10 미만의 수량)

Trong lớp, có mấy học sinh?	교실에 몇 명의 학생이 있나요?
Trong lớp, có mấy giáo viên?	교실에 몇 명의 선생님이 있나요?
Trong văn phòng này, có mấy nhân viên?	이 사무실에 몇 명의 직원이 있어요?

080 mấy giờ/tuổi 몇 시/살

Bây giờ là mấy giờ?	지금 몇 시예요?
Bây giờ là mấy giờ rồi?	지금 몇 시나 됐어요?
Con/Cháu mấy tuổi?	너(10살 미만 아이)는 몇 살이니?

081 bao nhiêu 얼마나; 얼마에 (10 이상의 수량)

Anh bao nhiêu tuổi?	당신은 몇 살인가요?
Anh ấy bao nhiêu tuổi?	그는 몇 살인가요?
Anh có bao nhiêu tiền?	당신은 얼마의 돈이 있나요?

082 đã+동사...rồi ~했다

Tôi đã ăn cơm rồi.	저는 밥을 먹었어요.
Tôi đã học tiếng Việt rồi.	저는 베트남어를 공부했어요.
Tôi đã làm việc xong rồi.	저는 일을 다 끝냈어요.

083 bị+(불유쾌한 의미의) 동사 · 형용사 **~하게 되다**

Điện thoại của tôi đã bị hỏng rồi.	제 전화기는 고장 났어요.
Món ăn này đã bị hỏng rồi.	이 음식은 상했어요.
Máy giặt này đã bị hỏng rồi.	이 세탁기는 고장 났어요.

084 (đã)+동사...rồi **~했다(đã를 생략했을 때)**

Chị ấy lấy chồng rồi.	그녀는 시집갔어요.
Anh ấy lấy vợ rồi.	그는 장가갔어요.
Anh ấy lập gia đình rồi.	그는 가정을 꾸렸어요(결혼했어요).

085 đã+동사...(rồi) **~했다(rồi를 생략했을 때)**

Hôm qua tôi đã ngủ ngon.	저는 어제 잘 잤어요.
Hôm qua tôi đã đi khám bệnh.	저는 어제 검진하러(진찰 받으러) 갔어요.
Hôm qua tôi đã chóng mặt.	저는 어제 현기증이 났어요.

086 cho+사람 **~에게**

Tôi đã gọi điện thoại cho anh ấy rồi.	저는 그에게 전화를 걸었어요.
Tôi đã gọi điện thoại cho ngân hàng rồi.	저는 은행에 전화를 걸었어요.
Tôi đã gọi điện thoại cho giáo viên rồi.	저는 선생님에게 전화를 걸었어요.

087   tặng quà cho +사람 ~에게 선물을 주다

Tôi đã tặng quà cho em trai.	저는 남동생에게 선물을 줬어요.
Tôi đã tặng quà cho mẹ/má.	저는 엄마에게 선물을 드렸어요.
Tôi đã tặng quà cho giám đốc.	저는 사장님에게 선물을 드렸어요.

088   cho A(명사) mượn B(명사) A에게 B를 빌려주다

Tôi đã cho anh ấy mượn 10 đô la.	저는 그에게 10달러를 빌려줬어요.
Tôi đã cho anh ấy mượn quyển vở.	저는 그에게 공책을 빌려줬어요.
Tôi đã cho anh ấy mượn bút bi.	저는 그에게 볼펜을 빌려줬어요.

089   đã+không+동사 안 ~했다

Tôi đã không uống rượu.	저는 술을 안 마셨어요.
Tôi đã không làm bài tập về nhà.	저는 숙제를 안 했어요.
Tôi đã không liên lạc với chị ấy.	저는 그녀에게 연락하지 않았어요.

090   mới+동사+...rồi 방금 ~했다

Tôi mới về đến nhà rồi.	저는 방금 집에 도착했어요.
Tôi mới nhận lương rồi.	저는 방금 월급을 받았어요.
Phim mới kết thúc rồi.	영화가 방금 끝났어요.

091   주어 đã 동사 chưa? 주어가 ~했나요?

Anh (đã) ăn cơm chưa?	당신 밥은 먹었어요?
Anh (đã) uống cà phê chưa?	당신 커피 마셨어요?
Anh (đã) làm việc chưa?	당신 일은 했어요?

092 과거문 bao giờ? 언제 ~했나요?

Anh (đã) về nhà bao giờ?

당신 언제 집에 왔어요?

Anh (đã) đi du lịch bao giờ?

당신은 언제 여행을 갔나요?

Anh (đã) ăn cơm bao giờ?

당신 언제 밥 먹었어요?

093 주어 đã 동사 bao giờ chưa? 주어가 ~해 본 적이 있나요?

Anh (đã) đi du lịch ở Việt Nam bao giờ chưa?

당신은 베트남에 여행을 가 본 적이 있나요?

Anh (đã) gặp ca sĩ nổi tiếng bao giờ chưa?

당신은 유명한 가수를 만나 본 적이 있나요?

Anh (đã) ăn món ăn này bao giờ chưa?

당신은 이 음식을 먹어 본 적이 있나요?

094 đã từng 동사 rồi ~한 적이 있다

Trước đây chúng ta đã từng gặp nhau rồi phải không?

이전에 우리 서로 만난 적 있는 거 맞지요?

Trước đây chúng ta đã từng học rồi phải không?

이전에 우리 공부했던 적 있는 거 맞지요?

Trước đây chúng ta đã từng nói chuyện rồi phải không?

이전에 우리 대화했던 적 있는 거 맞지요?

095 chưa bao giờ 동사 (아직) ~해 본 적이 없다

Tôi chưa bao giờ lái xe.	저는 운전해 본 적이 없어요.
Tôi chưa bao giờ gặp ca sĩ nổi tiếng.	저는 유명한 가수를 만나 본 적이 없어요.
Tôi chưa bao giờ đi du lịch ở Việt Nam.	저는 베트남 여행을 가 본 적이 없어요.

096 không bao giờ 동사 (결코) ~해 본 적이 없다

Tôi không bao giờ hút thuốc.	저는 담배를 피워 본 적이 없어요.
Tôi không bao giờ uống rượu.	저는 술을 마셔 본 적이 없어요.
Tôi không bao giờ dùng ma túy.	저는 마약을 해 본 적이 없어요.

097 đã 동사 숫자 lần rồi ~번 ~해 봤다

Tôi đã ăn món ăn này một lần rồi.	저는 이 음식을 한 번 먹어 봤어요.
Tôi đã uống bia này một lần rồi.	저는 이 맥주를 한 번 마셔 봤어요.
Tôi đã đến Việt Nam một lần rồi.	저는 베트남에 한 번 가 봤어요.

098 문장 được bao lâu rồi? ~인 지 얼마나 됐나요?

Anh sống ở Thành Phố Seoul được bao lâu rồi?	당신은 서울시에서 산 지 얼마나 됐나요?
Anh học tiếng Việt được bao lâu rồi?	당신은 베트남어를 공부한 지 얼마나 됐나요?
Anh làm việc ở công ty này được bao lâu rồi?	당신은 이 회사에서 일한 지 얼마나 됐나요?

099 được 숫자 tháng rồi ~인 지 ~개월 되었다

Tôi đến Việt Nam được 6 tháng rồi ạ.　저는 베트남에 온 지 6개월 됐어요.

Tôi học tiếng Việt được 3 tháng rồi ạ.　저는 베트남어를 공부한 지 3개월 됐어요.

Tôi yêu cô ấy được 1 tháng rồi ạ.　저는 그녀와 서로 사랑한 지 1개월 됐어요.

100 được 숫자 năm rồi ~인 지 ~년 되었다

Tôi làm quen với cô ấy được 1 năm rồi ạ.　저는 그녀와 알고 지낸 지 1년 되었어요.

Tôi làm việc ở công ty này được 5 năm rồi ạ.　저는 이 회사에서 일한 지 5년 됐어요.

Tôi sống ở Thành Phố Hồ Chí Minh được 6 năm rồi ạ.　저는 호찌민시에서 산 지 6년 됐어요.

중급문장 100에서 학습한 320여 개의 주요 어휘들을 살펴보며 기억나지 않은 어휘들은 박스(□) 에 체크 표시를 한 뒤 복습하도록 하세요.

A / Ă / Â

B

C

I

K

L

N

X

Y

MEMO

MEMO

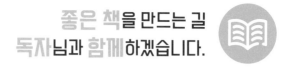

좋은 책을 만드는 길
독자님과 함께하겠습니다.

나의 하루 1줄 베트남어 쓰기 수첩 [중급문장 100]

초 판 발 행	2020년 11월 11일
발 행 인	박영일
책 임 편 집	이해욱
저 자	김연진
편 집 진 행	심영미 · 신기원
표지디자인	안병용
편집디자인	임아람 · 하한우
일 러 스 트	김소은
발 행 처	시대인
공 급 처	(주)시대고시기획
출 판 등 록	제 10-1521호
주 소	서울시 마포구 큰우물로 75 [도화동 538 성지 B/D] 9F
전 화	1600-3600
팩 스	02-701-8823
홈 페 이 지	www.edusd.co.kr
I S B N	979-11-254-8477-6(13730)
정 가	12,000원